# LIÇÕES DE VALOR
## com Warren Buffett & Charlie Munger

**O MELHOR DO SUNO CALL, POR TIAGO REIS**

# LIÇÕES DE VALOR
## com Warren Buffett & Charlie Munger

Ensinamentos para quem investe em Bolsa
com foco no longo prazo

São Paulo | 2021

# SUMÁRIO

| | |
|---|---|
| A MISSÃO DA SUNO RESEARCH | [8] |
| PREFÁCIO, POR TIAGO REIS | [11] |
| **I – PRAZER EM CONHECER** | [14] |
| Um dos cinco maiores CEOs de todos os tempos | [15] |
| A carreira de investimentos de Charlie Munger | [18] |
| Como Buffett fez seu primeiro milhão? | [20] |
| Parabéns, Charlie Munger! | [23] |
| Warren Buffett e a Coca-Cola | [25] |
| Warren Buffett e a Blue Chip Stamps | [27] |
| **II – *VALUE INVESTING*** | [31] |
| *Deep Value Investing*: o *Value Investing* ao extremo | [32] |
| Berkshire Hathaway: uma excelente empresa para ser sócio | [35] |
| A importância da margem de segurança | [36] |
| Valor intrínseco e investimentos, por Warren Buffett | [39] |
| **III – *BUY AND HOLD*** | [42] |
| Warren Buffett e as pequenas quantias | [43] |
| Vantagens competitivas: o Santo Graal de Buffett | [44] |
| Qual é o momento certo para comprar e vender ações? | [47] |

## IV – ANÁLISES [51]

### Devo visitar as empresas em que pretendo investir? [52]
### Warren Buffett e as Demonstrações dos Fluxos de Caixa [54]
### Charlie Munger e a arte de escolher ações [58]
### Charlie Munger: cinco passos para resolver um problema [61]

## V – CARTAS ANUAIS [65]

### A carta anual de Warren Buffett [66]
### Lições de Warren Buffett [67]
### Alguns ensinamentos valiosos de Warren Buffett [70]
### Por que a Berkshire Hathaway não paga dividendos? [73]
### Warren Buffett: não ignore os lucros retidos [76]
### Warren Buffett sobre erros nos investimentos [78]

## VI – EVENTOS [81]

### Encontro com Warren Buffett em 2018 [82]
### A reunião anual de acionistas mais esperada do ano [85]
### Um pouco sobre o círculo de competência [88]
### Warren Buffett: quando comprar uma casa? [91]
### Como começar a investir, segundo Buffett [93]
### Charlie Munger na reunião anual do The Daily Journal [96]

## VII – COMPORTAMENTO [98]

### Volatilidade, inimiga dos impacientes e aliada dos investidores [99]
### Erros são inevitáveis [101]

A importância da mentalidade
de dono nos investimentos [104]

## VIII – CRISES E OPORTUNIDADES [107]

Buffett sobre dinheiro em caixa [108]

Destaques da entrevista de Warren Buffett à CNBC [110]

Warren Buffett sobre risco [112]

*"Seja ganancioso quando os demais estão com medo"* [114]

Regras de Warren Buffett para investir
em ações numa crise [116]

## IX – CONSELHOS [119]

Oito armadilhas que o investidor deve evitar – I [120]

Oito armadilhas que o investidor deve evitar – II [122]

Três conselhos de Warren Buffett para a vida [125]

Por que não compensa complicar os investimentos? [127]

Os princípios de investimentos de Charlie Munger – I [129]

Os princípios de investimentos de Charlie Munger – II [131]

*Insights* valiosos de Charlie Munger [135]

Ler pode torná-lo um investidor melhor [137]

Além de ler, escreva [139]

## POSFÁCIO, POR JEAN TOSETTO [142]

## GLOSSÁRIO [149]

# A MISSÃO DA SUNO RESEARCH

A cada geração, uma parte da humanidade se compromete a deixar o mundo um lugar melhor do que encontrou. Esse contingente populacional acredita que, para tanto, é preciso investir em inovações.

Foram as inovações promovidas pela humanidade, ora confundidas com descobertas, ora com invenções, que nos tiraram da Idade da Pedra e nos colocaram no olho do furacão da Era Digital.

Nos últimos séculos, quase todas as inovações científicas e tecnológicas foram difundidas pelas instituições empresariais, sejam elas privadas ou públicas, visem elas lucros ou não.

Grande parte das empresas que promoveram inovações recorreu ao mercado de capitais para obter financiamentos para os seus projetos. Essa premissa continua válida.

Os países onde os mercados de capitais são mais desenvolvidos concentram também as empresas mais inovadoras do planeta. Nos Estados Unidos, milhões de pessoas investem suas economias nas Bolsas de Valores.

Uma parcela significativa dos norte-americanos obtém a independência financeira, ou o planejamento da aposentadoria, associando-se com grandes empresas que movimentam a economia global.

São bombeiros, advogados, professoras, dentistas, zeladores, ou seja, profissionais dos mais diversos tipos que se convertem em investidores, atraindo empreendedores de várias origens, que encontram dificuldades de empreender em sua terra natal.

No Brasil, o mercado de capitais ainda é muito pequeno perto de sua capacidade plena. Apenas um por cento da população brasileira economicamente ativa investe por meio da Bolsa de Valores de São Paulo.

A missão da Suno Research é justamente promover a educação financeira de milhares de pequenos e médios investidores em potencial.

Como casa independente de pesquisas em investimentos de renda variável, a Suno quer demonstrar que os brasileiros podem se libertar do sistema público de previdência, fazendo investimentos inteligentes no mercado financeiro.

O brasileiro também pode financiar a inovação, gerando divisas para seu país e se beneficiando dos avanços promovidos pela parceria entre investidores e empreendedores.

O investidor brasileiro em potencial ainda tem receio de operar em Bolsa. Vários são os mitos sobre o mercado de capitais, visto como um ambiente restrito aos especialistas e aos mais endinheirados.

A facilidade para realizar aplicações bancárias – embora pouco rentáveis – e os conflitos de interesse de parte das corretoras de valores, que fornecem análises tendenciosas de investimento visando comissões com transações em excesso, são fatores que também distanciam muita gente do mercado financeiro nacional.

Como agravante, a Suno tem em seu segmento de atuação empresas que fazem um jogo publicitário pesado, oferecendo promessas de enriquecimento que não se comprovam na realidade. Não existe enriquecimento rápido; tal possibilidade ocorre no longo prazo.

Por meio de seus artigos, análises de empresas e fundos imobiliários, vídeos, cursos e também livros como este, a Suno vem para iluminar a relação do brasileiro com o mercado de capitais, que, se não tem a solução para todos os problemas, é parte do esforço da humanidade para deixar este mundo melhor, por meio de investimentos em valores monetários, morais e éticos.

# PREFÁCIO

**No mercado financeiro aprendemos todos os dias**

*Por Tiago Reis*

No primeiro dia de fevereiro de 2018, nós lançamos o "Suno Call", um boletim publicado logo de manhã para os assinantes da Suno Research, nos dias úteis.

Passados mais de três anos, no momento da publicação deste livro, esta *newsletter* já venceu a barreira das 800 edições, sempre começando com breves linhas temáticas endereçadas ao investidor, antes de apresentar o Radar do Mercado, com as notícias mais relevantes das empresas da Bolsa de Valores brasileira.

A seguir, reproduzo algumas linhas do Suno Call número 1:

> *"O que você pode esperar deste espaço?*
>
> *O mercado é dinâmico. Ainda mais no Brasil. A economia global muda a cada dia, as taxas de juros flutuam, assim como a taxa de câmbio. O noticiário vindo de Brasília não para, sobretudo em ano eleitoral. Isso sem falar do que acontece em cada setor e da dinâmica própria de cada empresa. Tudo isso impacta os seus investimentos, em maior ou menor grau.*
>
> *E não basta estar bem informado. É preciso saber interpretar todas essas informações, destilá-las para, no final do dia, saber: O que comprar? O que vender?*
>
> *Todo mundo busca investir na melhor oportunidade. Infelizmente, isso não é tarefa fácil. Quem diz que ganhar*

dinheiro no mercado de capitais é fácil está mentindo. Ou pior, nem sabe que está mentindo. É difícil. Muito difícil.

A cada negócio que você realiza existe alguém do outro lado. Muitas vezes esta pessoa é mais bem informada que você, mais preparada e acompanha aquela empresa há mais tempo.

[...]

A intenção desta coluna é justamente trazer o meu ponto de vista sobre como atuar em um mercado dinâmico. E não quero criar uma falsa expectativa: erros ocorrem.

**Até mesmo o megainvestidor Warren Buffett erra**. Em 2011, ele adquiriu ações da IBM e reconhece publicamente que foi um erro comprar ações da empresa. O próprio Luiz Barsi admite que cometeu o erro de comprar ações da Oi, quando pagavam dividendos elevados.

Não existe investidor imune a erros. Mas é possível errar pouco. Evitar situações de riscos. Um dos jeitos é evitar se envolver com empresas problemáticas: empresas com muita dívida, problemas na justiça, competição intensa, margens baixas ou dependência de poucos clientes.

Também podemos colocar, como risco, investir em empresas muito caras. E acredito que temos feito um bom trabalho neste sentido: retirar risco da carteira dos nossos clientes através das nossas indicações.

Esta é uma das minhas principais atribuições na Suno: retirar risco da carteira dos clientes. O retorno toma conta de si próprio em renda variável, se você evitar situações de risco, como as que citei anteriormente.

O mercado abre todo dia, então eu acho que é um dever

*meu também dialogar, todos os dias, com nossos clientes. É isso que você, como cliente, espera da Suno. O Suno Call existe justamente para intensificar o diálogo entre nós."*

Você notou que no primeiro Suno Call de todos eu já citei Warren Buffett? Ele e seu sócio Charlie Munger no comando da Berkshire Hathaway foram, possivelmente, os nomes mais citados nas 500 primeiras edições da publicação.

Tantos foram os conselhos, pensamentos e ensinamentos coletados, que um de nossos colaboradores, Henrique Imperial, sugeriu que publicássemos uma coletânea deles. Assim surgiu a coleção "O melhor de Suno Call", que em seu primeiro volume reúne as lições de valor de Warren Buffett e Charlie Munger.

Quem cuidou da organização dos textos foi o nosso editor associado, Jean Tosetto. Ao invés de simplesmente reproduzir a ordem cronológica de publicação dos breves artigos, ele identificou nove temas distintos, que se converteram em capítulos numa sequência temática evolutiva – embora as cartas possam ser lidas de modo aleatório, sem prejuízo para os leitores.

Sugiro que você as leia um pouco por dia. Acredito que, deste modo, os *insights* ficarão sedimentados em sua memória.

Com este livro, começamos a resgatar um conteúdo muito rico, que antes estava restrito a quem tinha acesso ao arquivo da área logada do *site* da Suno. Aliás, desde o começo da Suno, o nosso foco foi democratizar o acesso do investidor ao conhecimento sobre renda variável. Esta missão, que também é de longo prazo, está só começando.

# I – PRAZER EM CONHECER

*Em sua carta aos acionistas de 2014, Buffett conta que, em 56 anos de amizade e negócios, nunca tiveram uma briga:*

*"Quando temos uma divergência, Charlie normalmente termina a conversa dizendo: 'Warren, pense melhor e você concordará comigo, porque você é inteligente e eu estou certo'."*

## UM DOS CINCO MAIORES CEOs DE TODOS OS TEMPOS
*Suno Call 218 – 18/12/2018*

Além de ser possivelmente o melhor investidor da história, Warren Buffett é um dos maiores CEOs de todos os tempos. Para quem não conhece Buffett, sua mente diferenciada ficou evidente há muitos anos.

Nascido no dia 30 de agosto de 1930, em Omaha, nos Estados Unidos, Warren Buffett buscou desde cedo maneiras de passar seu tempo criando valor. Com cinco anos de idade vendia chicletes na calçada. Também vendia limonada, mas não em frente à sua casa, e sim em frente à casa do amigo, pois lá existia maior fluxo de pessoas.

Aos seis anos, Buffett comprava pacotes de Coca-Cola no mercado de seu avô, para vendê-las por unidade, embolsando um lucro. Aos onze anos, Warren tinha US$ 120 de patrimônio. Naturalmente, ele investiu seu dinheiro em ações.

Buffett se envolveu em diversas atividades durante sua juventude, mas sua jornada como investidor ficou clara em 1951, enquanto frequentava as aulas em Columbia do professor Benjamin Graham.

Graham ensinava conceitos de investimento em valor, segundo os quais o valor intrínseco de uma ação diverge de seu preço de mercado, resultando em cotações subvalorizadas ou sobrevalorizadas de tempos em tempos.

Analisar profundamente as empresas e investir com margem de segurança, procurando comprar negócios por preços inferiores ao seu valor intrínseco, tornou-se a vida de Buffett.

Aos vinte anos de idade, Buffett foi visitar uma empresa de seguros chamada GEICO, para entender se era um bom negócio para investir. Ele viajou até a sede da empresa em Washington, e acidentalmente acabou sendo atendido por Lorimer Davidson – o futuro CEO da GEICO. Após conversar por horas, Buffett teve todas as suas perguntas respondidas, aprendeu sobre o setor de seguros e compreendeu a vantagem competitiva que a GEICO possuía.

Após concretizar sua análise, Buffett investiu 65% de seu patrimônio de US$ 20 mil na GEICO, obtendo bons lucros.

Os anos se passaram e a busca por valor mal precificado continuou incessante. Em 1964, quando já era um investidor bem-sucedido, Warren Buffett viu as ações da American Express, a maior companhia de cartões de crédito da época, caírem 50%.

Após análise rigorosa, Buffett estava convicto de que o escândalo não afetaria o valor da empresa no longo prazo. Comprou 5% da empresa por US$ 20 milhões, e viu seus investimentos se multiplicarem por dez, nos anos seguintes.

Warren Buffett assumiu o controle da Berkshire Hathaway em 1965, virando CEO e presidente em 1970. Essa empresa é uma *holding* que possui participações acionárias em diversas atividades empresariais.

O mestre do *Value Investing* gerou, através da Berkshire Hathaway, uma quantidade absurda de riqueza para aqueles que investiram na companhia pensando no longo prazo.

Os retornos até 2017 falam por si sós: a taxa média de crescimento anual composta da empresa foi de aproximadamente 20%, ao passo que o índice S&P 500 cresceu, em média, apenas 10% no mesmo período.

Ao final de 2018, a Berkshire Hathaway era a sétima maior empresa do mundo, com US$ 736 bilhões de dólares em ativos e US$ 490 bilhões de valor de mercado.

A única habilidade que Buffett utilizou para criar sua "obra de arte" foi seu poder de decisão ao alocar capital, tentando sempre pagar o mínimo possível por cada dólar de valor, e com horizonte de longo prazo.

O que diferencia Buffett de outros grandes investidores é que ele conseguiu continuar a ter retornos expressivos, mesmo após ter bilhões de dólares sob gestão.

Com o aumento do patrimônio, começa a surgir uma escassez de oportunidades, e se torna necessário adquirir o controle de diversas empresas.

Buffett racionalmente entendeu que a maneira de continuar obtendo bons rendimentos era identificar empresas geridas por pessoas excelentes, com vantagens competitivas de longo prazo e sendo negociadas a preços interessantes.

Assim, seu capital seria empregado a altas taxas de retorno ao longo dos anos, e o efeito multiplicador dos juros compostos continuaria.

Buffett é um CEO genial, pois sabe que, para conduzir uma empresa gigante, é necessário ter as pessoas corretas em cada cargo. Ele se tornou sócio de empresas que eram administradas por indivíduos capacitados e íntegros. Ele soube delegar responsabilidades.

Unido a isso, durante sua vida, Warren Buffett foi um poupador de dinheiro, sem esbanjar. Ele sempre olhou para o capital vislumbrando o quanto valeria no futuro.

Para se ter ideia, ele mora na mesma casa, em Omaha, desde 1958, pois o ambiente tranquilo favorece suas tomadas de decisões.

Buffett chegou ao final de 2018 com uma fortuna estimada em

US$ 81,6 bilhões, sendo o terceiro homem mais rico do mundo. Prometeu doar 99% de sua fortuna ao fim de sua vida, já tendo transferido mais de US$ 35 bilhões para a caridade.

Grande CEO, investidor e pessoa.

\\\//\\\//\\\

## A CARREIRA DE INVESTIMENTOS DE CHARLIE MUNGER

*Suno Call 457 – 06/12/2019*

Charlie Munger é considerado não apenas um dos maiores investidores, como também um dos maiores pensadores do mundo dos investimentos. Ainda assim, são poucos os detalhes que sabemos a respeito de sua estratégia de investimentos.

Ao contrário de seu sócio, Warren Buffett, que vem escrevendo cartas a seus investidores há várias décadas, Charlie Munger produziu raras publicações que dizem respeito a detalhes de suas atividades de investimento.

Apesar disso, reunindo várias fontes, é possível ter alguns *insights* sobre sua carreira, que podemos dividir em três etapas.

### Início de carreira

Diferentemente de Buffett, que investia desde cedo, Munger se concentrou primeiro em atuar na área do direito. É interessante observar que, antes mesmo dessa etapa, ele chegou a servir ao U.S. Army Air Corps, alcançando o posto de segundo tenente. Por fim, passado seu tempo no mundo do direito, ele migrou para os investimentos.

Seus primeiros investimentos foram focados em *Real Estate*. Buffett, na reunião dos acionistas da Berkshire de 2006, explicou o estilo inicial de Munger.

Segundo Warren, seu sócio começou pelo ramo de *Real Estate* porque esta área exigia quantias pequenas. Além disso, outro ponto de destaque do setor era que um bom cérebro e energia eram capazes de multiplicar pequenas somas de uma maneira que dificilmente seria alcançável no universo das ações de empresas.

Assim, Munger foi capaz de acumular cerca de três a quatro milhões de dólares em poucos anos.

**Wheeler, Munger & Company**

Após conhecer Buffett, Munger entrou para os negócios de gestão de investimentos. Nessa fase, temos uma ideia melhor de como ele gostava de investir. De acordo com várias fontes, Munger estava satisfeito em investir grandes somas, suas e de seus investidores, além de, por vezes, pegar dinheiro emprestado para impulsionar os retornos.

Em um trecho da biografia de Warren Buffett (*A bola de neve*), a autora Alice Schroeder conta que Munger fez uma arbitragem com as ações da British Columbia Power, que estavam sendo vendidas a US$ 19 e, posteriormente, seriam compradas pelo governo canadense por cerca de US$ 22.

Nessa operação de arbitragem, Munger não somente colocou todo o seu dinheiro, como o de seus sócios, além de todo o dinheiro que ele também conseguiu pegar emprestado. Tudo em apenas uma ação – mas apenas porque as chances de falha eram quase nulas.

O grande problema dessa abordagem de Charlie foi que, embora ele estivesse confortável com a volatilidade, os outros donos do dinheiro não se sentiam da mesma maneira. Assim, tal desconforto acabou fazendo com que alguns investidores se afastassem. Diante disso, Charlie se abalou e resolveu liquidar o fundo em meados da década de 1970.

## The Daily Journal

O próximo grande estágio da carreira de Munger se deu com seu trabalho no Daily Journal, empresa na qual ele é *chairman*. Este ponto de sua carreira é notável e é de fácil destaque, pois é mais publicamente conhecido.

Nessa companhia, Munger esperou anos pela oportunidade certa. Ele colocava todo o capital excedente em notas do Tesouro americano. Então, quando a oportunidade apareceu, Munger agiu com rapidez e convicção.

Foram US$ 15,5 milhões do Daily Journal investidos no ápice da crise de 2008. Munger comprou ações do Bank of America, Wells Fargo, U.S. Bancorp e Posco.

Quando perguntaram para ele o motivo pelo qual decidiu comprar o Wells Fargo, em particular, ele respondeu: *"Nós compramos as ações a US$ 8, e eu não acho que teremos outra oportunidade como esta"*.

## Lições

A lição principal que podemos extrair a partir do histórico de investimentos de Charlie Munger é a de que o lendário investidor sempre buscou fazer apostas desproporcionais e relevantes. Ele age com baixíssima frequência, pois aguarda pacientemente as oportunidades emergirem. Este parece ser seu segredo.

\\\\//\\\\\\//\\\\

## COMO BUFFETT FEZ SEU PRIMEIRO MILHÃO?

*Suno Call 460 – 11/12/2019*

Veja como Warren Buffett fez seu primeiro milhão e o que podemos aprender a partir dessa etapa de sua carreira.

Os primeiros anos da Buffett Partnership talvez sejam alguns dos anos mais interessantes da carreira de investimentos do investidor. Por volta de 1956, Buffett fundou sua sociedade, a qual permaneceu em atividade até 1969.

Por mais de uma década, Warren foi responsável por atingir um retorno de 24,5% líquido de taxas. Em 1968, a Buffett Partnership viu seu retorno atingir 58,8%. Para se ter uma ideia, o índice Dow Jones, nesse ano, atingiu apenas 7,7%. Esse havia sido o melhor ano de Buffett até então.

**A sociedade de Buffett**

Buffett iniciou sua sociedade em seu retorno para casa, após passar um tempo em Nova York sob os ensinamentos de seu professor e mentor Benjamin Graham, na Graham Newman Corporation.

Quando Buffett voltou a Omaha, vários amigos e familiares lhe pediram ajuda para investir seus patrimônios. Em resposta, Buffett iniciou sua primeira *partnership*, pedindo a todos para que ele pudesse ter total controle sobre seus investimentos. Seus primeiros sócios foram sua mãe, sua irmã, sua tia, seu sogro, um colega de faculdade e seu advogado.

É interessante notar que Buffett não cobrou taxa de administração. Seu pagamento era 25% da parte que excedia os retornos de 6%. Além disso, ele aceitou absorver um percentual de eventuais perdas.

Essa sociedade começou com um montante de US$ 105 mil, sendo que a parte investida pelo próprio Buffett foi de apenas US$ 100. Ao longo dos 14 anos seguintes, a Buffett Partnership cresceu de maneira extraordinária, até alcançar US$ 104 milhões.

Em 1962, o Oráculo de Omaha se tornou milionário por causa dessa sociedade de investimentos – num momento no qual o fundo estava com um valor pouco acima de US$ 7 milhões. Quatro anos depois, Buffett anunciou que não aceitaria mais sócios devido às proporções que o negócio tomara.

Embora Buffett tenha alcançado seu melhor desempenho de retornos até então, em 1968 ele decidiu fechar a sociedade no ano seguinte. Na época do encerramento, sua fatia pessoal já estava valendo algo em torno de US$ 25 milhões.

**Por que Buffett fez isso?**

No *Bull Market* da época, as oportunidades acabaram se tornando escassas, gerando tempos difíceis para investidores em valor como Buffett. Aliado a isso, havia o fato de que ele acabara de adquirir a Berkshire Hathaway. Deste modo, Buffett estava gastando boa parte de seu tempo nesse novo negócio.

Buffett chegou a admitir que estava ficando sem ideias realmente ótimas:

> *"Eu apenas não consigo enxergar nada disponível que me dê uma esperança razoável de entregar um bom ano de retornos. Além disso, eu não tenho nenhuma vontade de perambular por aí, esperando 'ter sorte' com o dinheiro alheio."*

Podemos dizer, portanto, que Buffett tomou essa atitude também como um ato de integridade. Gerindo o dinheiro de seus investidores de maneira transparente, foi íntegro, mesmo após um ano de retornos elevados. Numa boa leitura do mercado, aliada a uma excelente mentalidade, Buffett soube evitar pensamentos gananciosos que poderiam colocar tudo a perder.

Mais uma vez, com sua experiência, Buffett é capaz de nos mostrar a importância de estar sempre atento e paciente, buscando tirar vantagem de oportunidades quando elas aparecem. Vale ressaltar que as oportunidades grandiosas são raras, mas, quando se apresentam, compensa agir com convicção. E Buffett nos prova isso com seu histórico.

\\\//\\\//\\\

## PARABÉNS, CHARLIE MUNGER!

*Suno Call 472 – 02/01/2020*

No dia primeiro de janeiro de 2020, foi o aniversário de noventa e seis anos do lendário investidor Charlie Munger. Como seu admirador, não poderia deixar essa data passar em branco.

Charles T. Munger é, provavelmente, mais conhecido como o vice-*chairman* de um dos maiores exemplos práticos dos juros compostos – a Berkshire Hathaway. Para os que não o conhecem, Charlie aparenta ser um mero coadjuvante, sempre ao lado de Buffett. No entanto, trata-se de um indivíduo único, que foi bastante responsável pelos retornos extraordinários que a companhia apresentou desde sua concepção.

Munger nasceu e cresceu em Omaha, assim como Warren Buffett. Na cidade, ele trabalhou na mercearia do avô de Buffett – local onde Warren também trabalhou. Ainda assim, ambos só foram se conhecer em 1959, quando Buffett tinha 28 anos e Munger, 35.

O amigo em comum, que foi o responsável por apresentar um ao outro, já dizia de antemão que eles se dariam bem. De fato, isso aconteceu.

Em sua carta aos acionistas de 2014, Buffett conta que, em 56 anos de amizade e negócios, nunca tiveram uma briga:

> *"Quando temos uma divergência, Charlie normalmente termina a conversa dizendo: 'Warren, pense melhor e você concordará comigo, porque você é inteligente e eu estou certo.'"*

Embora Charlie tenha começado sua carreira como um advogado, muitos não sabem que a arquitetura é uma de suas paixões. Foi com isso que ele fez seu primeiro "dinheiro de verdade", desenhando e construindo cinco projetos de apartamentos perto de Los Angeles.

Na perspectiva de Buffett, o feito "arquitetônico" mais importante de Munger foi o "desenho" da Berkshire. O "projeto" que ele deu a Buffett era simples: *"esqueça o que você sabe sobre comprar negócios justos a preços excelentes; ao invés disso, compre excelentes negócios a preços justos"*.

A princípio, foi difícil mudar o comportamento de Buffett. Afinal, quais motivos ele tinha para dar ouvidos a Munger, uma vez que já havia alcançado um sucesso razoável sem fazê-lo? Além disso, porque deveria escutar um advogado que nunca havia passado um dia sequer numa escola de negócios – enquanto ele (Buffett) já havia passado por três delas?

No entanto, Charlie continuava a repetir suas máximas sobre investimentos e negócios para Buffett. Sua lógica era irrefutável. Por consequência, Buffett mudou sua maneira de pensar, e assim a Berkshire foi construída de acordo com a "planta" projetada por Charlie.

Convencido a mudar alguns aspectos de sua filosofia de investimentos, Buffett afirma que *"escutar Charlie valeu a pena"*.

Um dos ensinamentos mais valiosos deste lendário investidor está além dos investimentos, sintetizado em sua fala:

> *"Passe cada dia tentando ser um pouco mais sábio do que você era quando acordou. Desempenhe seus trabalhos bem e de maneira fiel. Sistematicamente você avançará, mas não necessariamente a passos largos. De qualquer forma, você construirá disciplina ao se preparar para os*

passos largos. Persevere, dando um passo de cada vez, dia após dia. No final, a maioria das pessoas consegue o que merece."

Dono de uma personalidade irreverente, provavelmente Munger é também dono de uma das mentes mais brilhantes que passaram por este planeta nos últimos tempos. Tenho certeza de que seus ensinamentos servirão para muitas gerações que ainda estão por vir.

\\//\\//\\

## WARREN BUFFETT E A COCA-COLA
*Suno Call 293 – 12/04/2019*

A história de Buffett com a Coca-Cola se iniciou em 1937, quando o bilionário tinha apenas sete anos. Omaha, a cidade em que nasceu, é conhecida por seus verões quentes e úmidos. Naquela época, não existia ar condicionado e as pessoas costumavam beber refrigerante para se refrescar.

Nos postos de gasolina de seu bairro existiam geladeiras de refrigerantes com um coletor de tampinhas ao lado. Buffett decidiu coletar todas as tampinhas que encontrasse para ver qual refrigerante era o mais vendido.

Algumas semanas depois, o menino de sete anos havia coletado cerca de oito mil tampinhas. Quando as separou por estilo de refrigerante, percebeu que a maioria esmagadora das tampinhas era da Coca-Cola.

Seu avô possuía na época uma mercearia. Buffett fez um acordo em que conseguia comprar o refrigerante do avô e distribuí-lo no bairro por cerca de quatro vezes o preço de compra.

Em entrevista, Buffett disse: *"eu não tinha estoque, não tinha re-*

*cebíveis, eu tinha o melhor negócio da minha vida, mas cometi um erro. Eu não investi os lucros em ações da Coca-Cola".* Cerca de 50 anos depois, o bilionário corrigiu o erro e realizou pesados investimentos na companhia.

No outono de 1988, o presidente da Coca-Cola anunciou que alguém estava comprando um montante considerável de ações. Posteriormente, o mundo ficou sabendo que este "alguém" era ninguém menos do que Warren Buffett.

A cotação da ação caíra cerca de 25% em relação à alta do ano anterior (1987) e Buffett estava comprando o máximo que podia. Até a primavera de 1989, Buffett comprara cerca de 7% da companhia.

Na época, a empresa apresentava uma marca consolidada tanto no mercado norte-americano como no exterior. Segundo o relatório anual da companhia de 1985, 62% do volume de refrigerantes foram vendidos fora dos Estados Unidos naquele ano.

Apesar da guerra por mercado entre a Coca-Cola e a Pepsi nas décadas de 1970 e 1980, a Coca-Cola apresentava resultados interessantes. A organização conseguia crescimento tanto no volume de vendas quanto no preço dos produtos.

A receita operacional, em 1987, teve alta de 21% quando comparada ao ano anterior. Boa parte do aumento teve origem na expansão do consumo em mercados estrangeiros. Em muitos países, o crescimento do consumo superou a marca de 10%.

Quando olhava para o passado da companhia, Buffett via uma empresa sólida que apresentara bons resultados tanto em termos de receitas quanto de lucros. Nos dez anos anteriores, a organização teve receitas crescentes, com exceção do ano de 1982. Em relação aos lucros por ação, a Coca-Cola apresentou crescimento por dez anos consecutivos.

O crescimento anual, tanto em receitas quanto em LPA (lucro por ação), foi de 12% ao ano no período entre 1977 e 1987. Preciso dizer o que aconteceu com a cotação da ação nos anos seguintes?

Sim, disparou.

A conclusão dessa história é bastante simples: Buffett sabia desde muito cedo que a Coca-Cola era uma empresa sólida, com marca forte e gestão excelente. Entretanto, teve a disciplina de aguardar cinco décadas até que suas ações estivessem sendo negociadas a um preço que lhe dava margem de segurança para realizar o investimento.

Uma boa empresa não necessariamente é um bom investimento. Você deve monitorar as empresas, muitas vezes por décadas, até que elas te ofereçam uma oportunidade de entrada que lhe garanta certa margem de segurança.

Quando a oportunidade surgir, faça como Warren Buffett. Aproveite-a e colha os frutos no longo prazo.

\\\//\\\//\\\

## WARREN BUFFETT E A BLUE CHIP STAMPS

*Suno Call 387 – 28/08/2019*

Há uma palestra ministrada pelo investidor Mohnish Pabrai na Universidade de Irvine, na Califórnia, na qual ele mostra a importância da Blue Chip Stamps para a carreira de Warren Buffett e Charlie Munger. Além disso, utiliza esse caso para ilustrar como bastam poucas decisões de investimento para o sucesso no longo prazo.

### O surgimento da Blue Chip Stamps

Mohnish começa sua palestra comentando um pouco a respeito da S&H Green Stamps. Trata-se de uma companhia que foi a precursora do que conhecemos hoje por milhas aéreas. A S&H Green Stamps providenciava selos para programas de fidelidade de algumas lojas. Isto é, ao gastar uma determinada quantia, você ganhava um selo. Com vários selos, era possível trocar por diversos produtos.

No entanto, a Green Stamps possuía uma política de só permitir que um comércio de cada tipo distribuísse seus selos, em cada região. Por exemplo, se uma farmácia de uma cidade distribuísse selos da S&H, não era permitida a distribuição por outra farmácia local.

Nove comerciantes da Califórnia, que ficaram de fora da exclusividade, estavam cientes de que o programa de fidelidade era capaz de impulsionar significativamente suas vendas. Assim, decidiram criar outra empresa similar, a Blue Chip Stamps.

Ao contrário da S&H, a nova empresa permitia que qualquer comerciante oferecesse seus selos, sem nenhum tipo de exclusividade. Porém, os empresários que distribuíam os selos também desejavam participar dos lucros da Blue Chip.

Deste modo, após algumas medidas legais, os fundadores da companhia foram, de certa forma, forçados a permitir que estes outros empresários pudessem adquirir participação na empresa. Assim, a Blue Chip Stamps passou a ter suas ações negociadas no mercado.

Uma nuance que deveria ser notada na companhia era que uma parcela dos selos que os comerciantes davam aos seus clientes nunca eram trocados por produtos. Assim, havia uma parcela de dinheiro (*float*) que a companhia precisava segurar para quando tais selos fossem eventualmente resgatados.

Pabrai observa que, embora a receita da Blue Chip tenha caído significativamente de 1970 a 1980, o *float* não apresentou uma queda tão brusca. Isso porque uma parte dele era "fixa" – jamais seria resgatada.

## Buffett é apresentado à Blue Chip Stamps

Rick Guerin, um investidor amigo de Warren Buffett e Charlie Munger, percebeu que as ações da Blue Chip Stamps estavam sendo negociadas a um preço atrativo. Vale notar que, à época, a companhia já estava sofrendo um ligeiro declínio.

Em 1967, quando analisaram a companhia, notaram que seu valor de mercado girava em torno de US$ 40 milhões. No entanto, nesta mesma época, a Blue Chip possuía cerca de US$ 100 milhões de *float*, dos quais Pabrai estima que US$ 50 milhões correspondiam a selos que nunca seriam resgatados. Esta parcela seria a parte "fixa" do *float*.

No entanto, esse *float* tinha um valor limitado estando nas mãos erradas. Assim, Buffett, Munger e Guerin concluíram que o único jeito de realizar mudanças efetivas era tomando o controle da empresa.

## A tomada do controle da Blue Chip Stamps

Então, de 1967 a 1970, eles investiram US$ 24 milhões na compra de ações da companhia. Com este valor, passaram a ter uma fatia de 60% do negócio, tomando o controle. Assim, passaram a ter US$ 60 milhões do *float*, com os quais poderiam trabalhar.

Deste capital, investiram US$ 25 milhões na compra de 99% da See's Candies, em 1972. Outros US$ 25 milhões foram utilizados na compra de 80% da Wesco Financial, em 1973. Já em 1977, utilizaram outros US$ 35,5 milhões na compra da Buffalo Evening News. No caso desta última, uma parte do valor do investimento veio de lucros retidos da See's Candies.

Estes foram investimentos que apresentaram uma boa performance ao longo do tempo. Como Pabrai observa, os lendários investidores compraram estes negócios utilizando seu investimento inicial de US$ 24 milhões.

Em 1983, estes negócios foram fundidos na Berkshire Hathaway.

Depois de aproximadamente 50 anos, o investimento inicial na Blue Chip já estava valendo cerca de US$ 60 bilhões em ações da Berkshire.

Vale destacar que tudo isso começou – e só foi possível – com um investimento em um negócio cujas receitas caíram cerca de 85% ao longo de uma década: a Blue Chip Stamps.

A caminhada nesse período nem sempre foi tranquila. De 1972 a 1974, o valor de mercado da Blue Chip caiu cerca de 65%. Para o fundo de Munger, representou uma queda aproximada de 50%.

Mohnish Pabrai conclui sua palestra com a seguinte reflexão:

> "Do final da década de 60 para o final da década de 80, nestes investimentos, eles fizeram cinco decisões de investimentos. Foram cinco decisões relevantes. Aproximadamente uma decisão a cada quatro ou cinco anos... poucas decisões. Grandes decisões. Decisões com baixíssima frequência."

## II – *VALUE INVESTING*

*Devido ao fato de a economia ser extremamente complexa, dinâmica e imprevisível, a análise do valor de uma empresa se baseia em premissas que podem não se concretizar. Deste modo, quando o investidor adquire um ativo muito descontado, mesmo que suas premissas não se concretizem, a probabilidade de perda de capital é minimizada pela margem de segurança.*

## DEEP VALUE INVESTING:
## O *VALUE INVESTING* AO EXTREMO

*Suno Call 102 – 29/06/2018*

O *Deep Value Investing*, metodologia muito utilizada e difundida por Benjamin Graham e Warren Buffett, é, basicamente, um método que consiste em investir em empresas extremamente depreciadas, que sejam negociadas abaixo dos seus valores de liquidação. Ou seja, caso a empresa fosse liquidada, vendesse seus ativos, pagasse suas obrigações e distribuísse o restante aos sócios, o acionista receberia mais dinheiro do que pagou pelas suas ações.

Podemos dizer, de um modo geral e simples, que o *Deep Value Investing* é um "*Value Investing* ao extremo", já que se costuma exigir nesse método um desconto mais elevado que o habitual.

Entre 1957 e 1969, o megainvestidor Warren Buffett obteve os maiores retornos de sua carreira e conseguiu um retorno composto de cerca de 29,5% ao ano aplicando alguns critérios do *Deep Value Investing*, que lhe foram ensinados por Benjamin Graham. Foi a época de ouro do megainvestidor. Warren Buffett mostrou, na prática, que os ensinamentos de Benjamin Graham, se bem aplicados, geram resultados extraordinários.

Vale lembrar, porém, que nessa época o capital de Buffett era muito menor do que é hoje, o que lhe permitia investir em ações de empresas com esse perfil, as quais muitas vezes possuíam uma liquidez bastante reduzida, impossibilitando a entrada de grandes investidores.

Além disso, naquela época era muito mais fácil encontrar empresas nessas condições, negociadas muito abaixo dos seus valores patrimoniais e com grandes descontos, pelo fato de que o mercado de capitais ainda não era muito globalizado e o acesso à informação era mais difícil.

Vale lembrar, também, que muitas vezes essas empresas extremamente descontadas enfrentam alguns problemas estruturais, não possuem uma gestão muito eficiente e, em certos casos, enfrentam prejuízos, o que frequentemente torna o *Deep Value Investing* uma estratégia que demanda mais paciência e conhecimento.

O ideal aqui seria então comprar uma boa empresa, com números sólidos e um balanço saudável, mas que também seja *Deep Value*, ou seja, esteja muito barata, e isso normalmente pode ser encontrado em períodos de crise.

Como exemplo de *Deep Value Investing*, poderíamos imaginar uma empresa que em Bolsa fosse negociada por preços atrativos, com um valor de mercado menor que seu caixa líquido, já descontadas suas obrigações.

Neste caso, por mais que a empresa não esteja apresentando um crescimento razoável, ou mesmo não tenha métricas de rentabilidade muito elevadas, o fato de o investidor estar pagando menos pela empresa do que o que ela possui apenas em caixa já representaria uma grande margem de segurança.

Isto é, literalmente, o que Buffett chama de comprar 1 dólar por 50 centavos, ou seja, comprar algo bem abaixo do valor.

**Comprando uma empresa por menos que seu valor de liquidação**

Comprar uma empresa por menos que o seu valor de liquidação é fundamental no *Deep Value Investing*. Afinal de contas, há uma grande margem de segurança envolvida quando o investidor adquire ações de uma empresa e sabe que, se a empresa fechar as portas amanhã e for liquidada, ele receberá mais do que pagou.

Embora pareça simples na teoria, na prática pode não ser tão simples assim e até ser um tanto confuso, visto que muitas empresas possuem imobilizados contabilizados por valores superiores ao que realmente valem. Ou seja, na hora de estes ativos serem liquidados, a empresa não conseguirá obter o valor desejado.

Além disso, avaliar as disponibilidades e o caixa tampouco é suficiente, já que a empresa pode realmente ter uma posição elevada de caixa, mas pode também ter elevadas dívidas, o que representa que este dinheiro já está comprometido com os credores. Ainda, é importante avaliar as obrigações que a empresa possui com funcionários, fornecedores e outros.

Uma forma interessante e simples de avaliar se a empresa se enquadra no *Deep Value Investing* é somar seu capital de giro, seus ativos imobilizados e seu caixa líquido. Se a soma desses números for superior ao atual valor de mercado, o investidor poderá estar diante de uma boa oportunidade.

\\\///\\\\///\\\

## BERKSHIRE HATHAWAY:
## UMA EXCELENTE EMPRESA PARA SER SÓCIO

*Suno Call 213 – 11/12/2018*

Warren Buffett é o CEO e presidente da Berkshire Hathaway desde 1970 e Charlie Munger atua como vice-presidente da companhia desde 1978.

Os dois mestres do *Value Investing* vêm gerindo a Berkshire Hathaway com maestria durante os anos, criando uma quantidade absurda de riqueza para aqueles que investiram na empresa pensando no longo prazo.

Como Buffett conseguiu superar o S&P 500 (índice das 500

maiores empresas dos EUA) e pôde continuar a entregar performances excelentes aos acionistas da Berkshire Hathaway?

Ao final de 2018, Buffett possuía um portfólio diversificado, com alguns nomes relevantes como: Apple, Bank of America, Coca-Cola, Wells Fargo, American Express, Kraft Heinz. Buffett não compra todas as empresas como o S&P 500, ele é seletivo.

Buffett pode fazer negócios excelentes adquirindo empresas a preços baixos, o que os índices não conseguem. A Berkshire investe o dinheiro dos acionistas com prudência, pensando no longo prazo. Em momentos favoráveis do ciclo econômico, principalmente em épocas em que a grande maioria está em pânico, Buffett mostra porque ele é o melhor alocador de capital de todos os tempos. A equipe da Berkshire está atenta a todo momento.

Por exemplo, Buffett investiu US$ 5 bilhões no Bank of America em 2011, comprando ações preferenciais que pagam 6% de dividendos anuais, e ele recebeu garantias para mais 700 milhões de ações, para as quais ele poderia exercer o direito em até 10 anos. Em 2017, ele já havia feito US$ 12 bilhões com essa aquisição e, em 2018, chegou próximo a US$ 14 bilhões.

Ele compra barato, segura por bastante tempo, recebe os dividendos e pode fazer negócios excelentes. Buffett é paciente e disciplinado, e espera as oportunidades aparecerem. Por isso, em momentos de depressão no mercado, ele consegue alocar capital a excelentes taxas de retorno.

Com a Berkshire Hathaway, você tem Warren Buffett e Charlie Munger alocando capital com retornos elevados sobre o investimento, aproveitando barganhas encontradas no mercado.

Com a disciplina de Buffett, a BRK comprou a Burlington Northern Santa Fe em 2009 por US$ 45 bilhões e, desde 2011, ele vem coletando dividendos de aproximadamente US$ 3,5 bilhões anuais. Quase 10% de *Dividend Yield* no investimento foi o que ele alcançou, com a paciência.

No final de 2018, a Berkshire expandiu seus olhares para *start-ups*, ou seja, a equipe de Buffett mantinha um olho em tudo, e estava diversificando para o acionista (Paytm, Stone Pagamentos).

Warren tem uma iniciativa de serviços de saúde com Jeff Bezos, CEO da Amazon, e com Jamie Dimon, CEO do JPMorgan, que pode demorar para dar frutos, mas que tem grande potencial, uma vez que esse projeto usufruiu do *know-how* e do respaldo de três dos nomes mais relevantes do mundo corporativo.

Os resultados podem demorar dez ou vinte anos para surgir, mas o potencial é gigantesco, pois a indústria de saúde dos Estados Unidos é extremamente cara e os consumidores se beneficiariam amplamente de alternativas mais em conta.

Em 2018, a Berkshire Hathaway recomprou quase US$ 1 bilhão em ações, o que é um sinal de que Buffett e sua equipe acreditavam que, no preço de então, a empresa se encontrava cotada abaixo do valor intrínseco. Ainda, a Berkshire possuía mais de US$ 100 bilhões em caixa, pronto para ser alocado em oportunidades.

Ser sócio de Warren Buffett é um bom negócio. A Berkshire tem participações controladoras e não controladoras em diversas empresas rentáveis e perenes.

\\\//\\\//\\\

## A IMPORTÂNCIA DA MARGEM DE SEGURANÇA

*Suno Call 304 – 30/04/2019*

*"A função da margem de segurança é, em essência, tornar desnecessária uma estimativa precisa do futuro."*
Benjamin Graham

Quando Warren Buffett foi questionado, na reunião anual dos acionistas da Berkshire Hathaway de 1997, sobre quais foram os impactos de Benjamin Graham em sua filosofia de investimento, Buffett respondeu, *"olhar para ações como empresas; ter uma atitude adequada perante o mercado; e operar com margem de segurança".*

A margem de segurança é fundamental na abordagem de investimento em valor. Pense na seguinte analogia: você vai atravessar uma ponte que suporta até dez toneladas e tem duas opções: atravessá-la com um caminhão de nove toneladas ou com um carro de uma tonelada. Certamente você não gostaria de correr o risco com o caminhão. Seria mais confortável atravessar a ponte com um carro pequeno.

Quem investe em valor acredita que o preço muitas vezes diverge do valor intrínseco. Deste modo, podemos carregar a analogia da ponte para o investimento. A capacidade da ponte é o valor do ativo e o peso do veículo é o preço. Quanto mais descontado estiver o preço em relação ao valor, maior a margem de segurança do investimento.

Devido ao fato de a economia ser extremamente complexa, dinâmica e imprevisível, a análise do valor de uma empresa se baseia em premissas que podem não se concretizar. Deste modo, quando o investidor adquire um ativo muito descontado, mesmo que suas premissas não se concretizem, a probabilidade de perda de capital é minimizada pela margem de segurança.

Segundo Seth Klarman, autor do livro *Margin of Safety: Risk-Averse Investing Strategies for the Thoughtful Investor*, Benjamim Graham compreendeu que a volatilidade no preço do ativo não estava atrelada ao seu valor e que um ativo que hoje vale R$ 1,00 pode ser negociado a R$ 0,75 ou R$ 1,25 em um futuro próximo.

Assim, o investidor não deseja pagar R$ 1,00 por R$ 1,00 de valor. Não há vantagem em fazer isso. A vantagem está em comprar o ativo com preço descontado em relação ao valor. Digamos, por exemplo, pagar R$ 0,25 por R$ 1,00 de valor.

De acordo com Graham, "*a margem de segurança sempre é dependente do preço pago. Para qualquer ativo, ela será grande a certo preço, pequena em um preço maior e inexistente em um preço ainda maior*".

Mas qual é o tamanho da margem de segurança necessária para realizar o investimento?

Essa não é uma pergunta trivial. Muitas vezes, o risco associado ao investimento dita o tamanho da margem de segurança necessária.

O perfil do investidor também influencia neste ponto. Investidores mais agressivos tendem a aceitar margens menores do que investidores mais conservadores.

Entretanto, margens de segurança menores significam, segundo Graham, risco maior e retorno menor. Portanto, quem investe em valor deve ser paciente e buscar as raras oportunidades em que o risco é pequeno, devido ao grande desconto do preço em relação ao valor intrínseco do ativo.

Seth Klarman, investidor bilionário e autor do livro anteriormente citado, conclui que investimento em valor é simples de entender, porém difícil de implementar.

A dificuldade vem da necessidade de disciplina, paciência e julgamento. Disciplina para evitar as oportunidades pouco atraentes, paciência para esperar a oportunidade certa e julgamento para saber qual é o momento de investir.

\\\//\\\//\\\

# VALOR INTRÍNSECO E INVESTIMENTOS, POR WARREN BUFFETT

*Suno Call 388 – 29/08/2019*

Muitos indivíduos gostam de complicar o mundo dos investimentos. Eu acredito que não se trata de algo complicado, mas devo ressaltar que o fato de não ser complicado não significa que seja fácil. Significa apenas que não é algo "de outro planeta".

Entendo que muitos façam essas complicações, pois, quanto mais complicado parece, mais inteligentes soam as ideias destas pessoas. No entanto, sei que existem muitos iniciantes. Portanto, vamos retornar à parte básica dos investimentos com a seguinte pergunta: o que realmente é investir? Buffett traz a seguinte resposta para este questionamento:

> *"Investir é colocar dinheiro agora para conseguir mais dinheiro posteriormente."*

Antes de tudo, partiremos da ideia do valor do dinheiro no tempo. Isto é, um real que você tem em suas mãos hoje vale mais do que um real no futuro. Isso porque você pode investir este dinheiro hoje, para ganhar retornos no futuro, sem falar da inflação. Portanto, sabemos agora que o dinheiro tem valor no tempo.

## A definição de valor intrínseco

A partir daí, trago o conceito de valor intrínseco, proferido por Warren Buffett, de maneira bem didática:

> *"O valor intrínseco de um negócio – se pudéssemos saber perfeitamente do futuro – é o valor presente de todo o dinheiro que será distribuído pelo negócio entre hoje e o fim dos tempos, descontado de uma taxa de desconto apropriada. De fato, não podemos fazer estimativas perfeitas.*

> *O cálculo do valor intrínseco não é simples, embora sua definição seja."*

Um título de renda fixa já possui seus fluxos de caixa estampados em si. Isto é, sabemos qual será a correção do capital inicial pelos juros. Já numa ação, isso não acontece, de modo que o trabalho da análise fundamentalista é justamente este: imprimir na ação o seu valor intrínseco, assumindo uma ampla gama de premissas na estimativa.

No investimento em valor, seguindo a filosofia de Buffett, devemos comprar os ativos com mentalidade de dono. Deste modo, a expectativa do retorno não se concentra na venda do ativo, mas no que ele irá produzir ao longo do tempo.

Buffett, tornando tudo mais simples aos investidores aprendizes, nota que as primeiras leis dos investimentos foram definidas há muito tempo.

**A parábola que ilustra os investimentos**

Assim, para ilustrar, ele traz como analogia uma famosa parábola, em sua versão em inglês: *"mais vale um pássaro na mão do que dois no arbusto"*.

Warren observa que esta é uma parábola inteligente, que pode ser adaptada para o mundo dos investimentos. No entanto, afirma que existem mais algumas questões a serem observadas para identificar a atratividade do investimento:

1. Quando você conseguirá pegar os outros pássaros? Quantos eles são?
2. Quão certo você está de que conseguirá pegá-los?
3. Qual será o seu retorno?

O que Buffett quer dizer é: tudo depende da taxa de desconto e do tempo que você levará para tirar os pássaros do arbusto, bem como de sua certeza de que conseguirá pegá-los. Neste sentido, também cabe olhar qual o melhor arbusto para tentar conseguir pegar mais pássaros.

Trazendo para o cenário de investimentos de maneira mais concreta, precisamos responder às questões:

1. Quando a empresa irá gerar o fluxo de caixa, e de quanto ele é esperado?

2. Quanto você conhece da empresa e de suas vantagens competitivas?

3. O retorno que o negócio te proporciona justifica o investimento? Ou existem outros negócios melhores?

## III – *BUY AND HOLD*

*Warren percebeu que não precisava esperar que Wall Street abaixasse os preços das ações ao ponto de barganha. Ele poderia pagar um preço justo por um desses negócios com vantagens competitivas duráveis e, ainda assim, obter muitos benefícios no longo prazo por meio dos juros compostos.*

*Deste modo, o Oráculo de Omaha nos prova, pela sua experiência de décadas no investimento em valor, que, ao aliarmos sólidas vantagens competitivas com o pensamento de longo prazo, provavelmente teremos um caminho próspero.*

# WARREN BUFFETT E AS PEQUENAS QUANTIAS

*Suno Call 246 – 01/02/2019*

Warren Buffett é possivelmente o maior investidor da história. Mas ele não se tornou um dos homens mais ricos do mundo porque sempre terminou o ano com a maior rentabilidade dentre outros investidores.

O segredo foi o tempo. Buffett foi capaz de manter uma alta taxa de retorno por quase 70 anos, e isso é dificílimo.

Diversas vezes Warren comentou sobre as vantagens de ser um pequeno investidor. Mesmo usufruindo de habilidade inigualável, a rentabilidade anual de Warren Buffett foi diminuindo ao longo dos anos, devido ao grande montante de capital que ele acumulou.

Quando questionado, durante uma sessão de perguntas e respostas da Berkshire Hathaway, sobre quanto ele conseguiria ter de rentabilidade anual caso estivesse lidando com uma quantidade pequena de dinheiro (entre US$ 5 e US$ 10 milhões na ocasião), Warren Buffett respondeu que garantia pelo menos 50% ao ano.

Para se ter uma ideia, Buffett teve uma rentabilidade média de 31% ao ano durante 43 anos (de 1950 até 1993) – 1 dólar em 1950 teria virado 142.476 dólares. Mas, como Buffett juntou um patrimônio multibilionário, fica cada vez mais difícil manter a mesma rentabilidade.

O motivo para tal é que com pequenas quantidades de dinheiro existe um leque muito maior de oportunidades com alta taxa de retorno.

As *Small Caps* e as *Micro Caps*, por exemplo, possuem menos analistas cobrindo e são menos líquidas, portanto é mais fácil que um analista tenha uma "sacada" que o diferencie da vasta maioria.

Também, por terem liquidez menor, grandes investidores institucionais e fundos de investimento não conseguem montar posições nessas empresas, pois é muito difícil entrar e sair do papel.

No início de 2019, a Berkshire Hathaway tinha mais de US$ 700 bilhões em ativos e mais de US$ 100 bilhões em caixa, portanto, caso Warren Buffett encontrasse uma *Small Cap* de US$ 500 milhões de dólares, subvalorizada com relação ao seu valor intrínseco, ele precisaria comprar a empresa inteira para alocar apenas 0,5% de seu caixa.

Não existem tantas oportunidades, dentro do círculo de competência de Buffett, que sejam humanamente possíveis de serem descobertas e que forneçam uma taxa interna de retorno de mais de 30%, para alocar centenas de bilhões.

Nós, como investidores menores, temos um privilégio: podemos considerar todas as empresas, das maiores companhias do mundo àquelas que são tão pequenas que nem fariam cócegas, caso Buffett as adquirisse.

\\\//\\\//\\\

## VANTAGENS COMPETITIVAS: O SANTO GRAAL DE BUFFETT

*Suno Call 309 – 08/05/2019*

No começo da década de 1930, Benjamin Graham notou que os especuladores de Wall Street, em sua vasta maioria, não se importavam com as características do negócio que adquiriam, uma vez que estavam mais preocupados em monitorar os movimentos bruscos de subida e descida dos preços.

Além disso, se deu conta de que o frenesi especulativo frequentemente levava os preços de uma ação aos extremos: por vezes em níveis estratosféricos, que não condiziam com as realidades econômicas do negócio no longo prazo. Enquanto em outros casos os preços caíam para níveis insanamente baixos, ignorando completamente os fundamentos do papel.

Foi nessas quedas que Graham viu oportunidades. Ao comprar papéis por um preço abaixo do valor intrínseco, seu raciocínio era que, em algum momento, o mercado reconheceria o erro e o preço seria elevado a um patamar mais correto. Assim, ele poderia vender suas ações e realizar o lucro.

Essa foi a base do que conhecemos hoje por Investimento em Valor (do inglês, *Value Investing*).

Graham, no entanto, nunca fez distinção entre as companhias que possuíam e as que não possuíam vantagens competitivas de longo prazo. Ele dava mais atenção aos preços descontados, pois em sua opinião toda empresa teria um preço no qual seria considerada uma barganha.

Assim, estava interessado apenas em saber se a companhia teria força suficiente para sair do problema que levou suas ações a caírem ladeira abaixo. Se elas não se movessem após dois anos, ele sairia do papel. Além disso, caso a ação subisse 50%, ele as venderia.

Warren Buffett aprendeu o Investimento em Valor com Graham nos anos de 1950, na Universidade de Columbia. Em seguida, iniciou sua carreira como analista na empresa de Graham, em Wall Street.

Após Graham se aposentar, Buffett voltou para sua cidade natal, Omaha, onde passou a refletir sobre os ensinamentos de seu mentor, ponderando alguns pontos que, em sua opinião, não faziam sentido.

O Oráculo de Omaha constatou que várias empresas que Graham

considerava como barganha decretavam falência. Outras não performavam, entrando na regra dos dois anos. Enquanto várias que eram vendidas na regra dos 50% continuavam prosperando ano após ano.

Decidido que melhoraria a performance dos métodos de investimento de seu mentor, Warren estudou as demonstrações financeiras dessas empresas que prosperaram, olhando pela perspectiva de encontrar os fatores determinantes para que prosperassem.

Assim, Buffett aprendeu que todas estas companhias que prosperaram foram beneficiadas por algum tipo de vantagem competitiva, que criou um cenário similar a um monopólio, permitindo que cobrassem valores mais altos em seus produtos, ou vendessem mais unidades que os concorrentes.

Além disso, Warren percebeu que, se a vantagem competitiva da companhia pudesse ser mantida por um longo período, então o valor intrínseco do negócio cresceria ano após ano. Deste modo, fez sentido para Buffett manter seus investimentos o quanto pudesse, dando a ele a oportunidade de enriquecer por meio das vantagens competitivas da companhia.

As vantagens competitivas diminuíam consideravelmente o risco de falência das empresas, levando-o próximo de zero. Assim, quanto mais os especuladores faziam o preço da ação cair, menor era o risco de perder dinheiro, e maior era o potencial de retorno.

Para exemplificar, considere que o valor justo para uma ação seria de R$ 3,00. Se comprássemos 10 destas ações, cotadas a R$ 1,00, gastaríamos R$ 10,00 no total e, quando o mercado levasse a ação ao seu patamar de R$ 3,00 teríamos um aumento de 200% em nossa carteira.

No entanto, se comprássemos as mesmas 10 ações a R$ 0,50 cada, investiríamos apenas R$ 5,00 – diminuindo o risco –, gerando um retorno de 500% quando o mercado precificasse o ativo em R$ 3,00.

Assim, Buffett encontrou o Santo Graal dos investimentos: um investimento em que, à medida que o risco diminui, o potencial de ganho aumenta.

Warren percebeu que não precisava esperar que Wall Street abaixasse os preços das ações ao ponto de barganha. Ele poderia pagar um preço justo por um destes negócios com vantagens competitivas duráveis e, ainda assim, obter muitos benefícios no longo prazo por meio dos juros compostos.

Deste modo, o Oráculo de Omaha nos prova, pela sua experiência de décadas no investimento em valor, que, ao aliarmos sólidas vantagens competitivas com o pensamento de longo prazo, provavelmente teremos um caminho próspero.

> *"É muito melhor comprar uma excelente companhia a um preço justo, do que comprar uma companhia justa a um excelente preço."*
> Warren Buffett

\\\///\\\///\\\

## QUAL É O MOMENTO CERTO PARA COMPRAR E VENDER AÇÕES?

*Suno Call 357 – 17/07/2019*

Vejo muitas pessoas discutindo acerca da importância do preço na decisão de compra de uma ação. Muitos defendem que o preço não importa, e estes não poderiam estar mais enganados.

O cerne do investimento de valor é a margem de segurança, que, por definição, envolve a compra do ativo financeiro com o preço descontado de seu valor intrínseco. Sem dar a relevância adequada para o preço, perdemos a referência da margem de segurança e, consequentemente, de toda a filosofia de investimento que seguimos.

Ninguém seria melhor para explicar a importância do preço e o momento certo de comprar ou vender uma ação do que Warren Buffett. Deste modo, decidi comentar sobre o trecho final do livro *Warren Buffett and the Interpretation of Financial Statements*, de Mary Buffett, onde é apresentada a visão do investidor sobre o tema mencionado.

Warren Buffett tem a reputação de investir em empresas e nunca mais vendê-las, entretanto, mesmo para o guru de Omaha, *"existem momentos para comprar e momentos para vender"* ações.

No momento de comprar, Buffett diz ser crucial olhar para o preço, pois ele determinará sua rentabilidade futura. Olhemos para o exemplo da Coca-Cola, empresa que rendeu bilhões de dólares ao investidor americano.

Ao final da década de 1980, a cotação das ações da Coca-Cola variava significativamente. Uma série de eventos no mercado norte-americano, aliados a alguns erros de gestão da empresa em introduzir uma nova fórmula, que foi malsucedida, trouxeram grande volatilidade para o papel, que chegou a ser negociado a US$ 21,00, mas também forneceram algumas oportunidades de compra abaixo dos US$ 7,00.

Buffett comprou as ações por US$ 6,50 e, naquele momento, o lucro por ação da companhia era de US$ 0,46, o que representa um retorno de cerca de 7% ao ano. Caso ele tivesse pago US$ 21,00 pela ação, seu retorno seria reduzido para 2,2%.

Avançando vinte anos, chegamos a 2007, quando o lucro por

ação da companhia estava no patamar de US$ 2,57. Nota-se um avanço significativo dos lucros da empresa, que estavam gerando um retorno de quase 40% ao ano sobre os US$ 6,50 investidos.

Caso tivesse comprado os papéis por US$ 21,00, o retorno seria de apenas 12% ao ano, após 20 anos.

Deste modo, Warren Buffett considera que a regra número um para comprar ações é comprar apenas quando o preço está descontado.

Naquele momento, a Coca-Cola havia passado por alguns problemas passageiros de gestão e o mercado americano vivenciou o pior dia da história da Bolsa (*Black Monday*), o que tornou o preço do ativo significativamente descontado para que a aquisição se tornasse interessante.

Não foi por acaso que em julho de 2019 a Berkshire Hathaway possuía mais de US$ 100 bilhões em caixa aguardando uma grande oportunidade para investir.

Além de compreender o momento de comprar uma ação, é necessário saber também a hora de vender. Acerca deste tema, Buffett considera que existem três situações que podem levar à venda de uma ação.

Em primeiro lugar, você pode ter encontrado uma oportunidade melhor de investimento e não possui caixa para aproveitá-la. Neste caso, é necessário liquidar o ativo menos promissor em seu portfólio para não perder a oportunidade.

O segundo ponto gira em torno da deterioração de valor da companhia. Quando uma empresa está perdendo suas vantagens competitivas, seja pela intensificação da competição ou por alguma disrupção tecnológica, a decisão mais sábia pode ser a venda do papel.

Sobre essa situação, podemos pensar na Livrarias Saraiva, que se mostrava uma companhia promissora até que mudanças no ambiente competitivo a levaram para recuperação judicial.

Por fim, um terceiro momento em que a venda dos ativos deve ser considerada é em um período de euforia exacerbada do mercado. Quando as ações estão sendo negociadas a preços extremamente elevados, que não podem ser justificados pelo crescimento das companhias, o investidor deve analisar com cautela os ativos em seu portfólio, de modo a selecionar apenas aqueles cujo preço de negociação pode ser justificado pelas perspectivas futuras.

Segundo Mary Buffett, autora do livro já citado, a regra de bolso (obviamente existem exceções) é considerar a venda, ou pelo menos ficar muito atento com o ativo, quando o índice Preço/Lucro (P/L) atinge a marca de 40. Esse é um bom indicativo de euforia extrema do mercado.

Para concluir, podemos voltar ao exemplo da Coca-Cola. Mesmo sendo uma excelente companhia, caso você adquirisse as ações no ano de 1998, quando o papel era negociado a um índice de Preço/Lucro acima de 40, nos vinte anos seguintes seu retorno seria inferior a 3% ao ano.

Fica claro, portanto, que o fator mais importante, tanto na hora de comprar uma ação, quanto no momento de vendê-la, é o preço. Jamais pague caro demais em uma ação ou você comprometerá seus retornos. E, sempre que a ação em seu portfólio estiver muito cara, considere a venda, pois, muito provavelmente, existem oportunidades melhores para alocar seu capital.

# IV - ANÁLISES

*Muitas vezes, uma empresa que apresenta resultados excelentes, mas possui uma gestão medíocre, pode ser um investimento pior do que uma empresa que apresenta resultados medíocres, mas uma gestão excelente. O futuro depende da gestão e os resultados podem mudar.*

## DEVO VISITAR AS EMPRESAS EM QUE PRETENDO INVESTIR?

*Suno Call 290 – 09/04/2019*

Para os grandes investidores do mundo, antes de realizar um investimento devemos nos perguntar se realmente conhecemos o modelo de negócio em questão.

Warren Buffett, o maior investidor de todos os tempos, define este ponto através do círculo de competência. Empresas que operam de forma que os investidores não as compreendam plenamente estão fora de seus círculos de competência e, portanto, não devem ser levadas em consideração quando analisamos oportunidades de investimentos.

Entretanto, mesmo quando acreditamos que conhecemos bem um modelo de negócio, podemos estar equivocados. Existem muitos elementos que não podem ser vistos em relatórios anuais e demonstrativos financeiros. Deste modo, uma visita à companhia pode esclarecer muitos pontos quanto ao seu futuro.

Quando você visita uma companhia, é capaz de compreender muito melhor como ela se estrutura, qual é a cultura que os gestores implementam, bem como suas estratégias e produtos.

Perceber elementos como a motivação dos funcionários e dos líderes da empresa, entre outras peculiaridades, podem ser elementos extremamente relevantes no sucesso futuro de um empreendimento.

Quando lidamos com *Micro* e *Small Caps*, empresas menores quando comparadas às gigantes da Bolsa, a compreensão do modelo de negócio e da estrutura da empresa para além dos números pode reduzir muito o risco do investimento.

Nestas empresas, os fundadores, CEOs e outros indivíduos que ocupam cargos administrativos relevantes geralmente são mais acessíveis e podem guiar os investidores em visitas que têm potencial para ser muito esclarecedoras.

Quando visitar uma companhia, tente absorver o máximo de informação possível sobre ela. Seja observador e analise criticamente todos os âmbitos possíveis; afinal, você está querendo se tornar sócio da empresa.

Use seu conhecimento prévio para avaliar se a empresa está atuando da forma como você espera ou se as decisões tomadas pelos gestores têm origem em interesses conflitantes aos seus.

O investidor deve se sentir confortável com seus investimentos, portanto tente encontrar qualquer elemento que possa tirar sua tranquilidade, como: logística interna ineficiente, insatisfação dos funcionários em trabalhar ali, endividamento elevado e desnecessário, margens insustentáveis ou qualquer outro que mostre que os resultados da empresa podem ser afetados no longo prazo.

Além disso, a compreensão das necessidades dos clientes pelo produto ou serviço é fundamental. Uma visita pode esclarecer muitas dúvidas quanto a isso.

As explicações que o fundador ou CEO podem te fornecer esclarecerão muitos elementos acerca da estratégia da empresa e dos meios que utiliza para atender as demandas dos clientes.

Elementos mal compreendidos podem levar a conclusões errôneas, acarretando investimentos desnecessários. A plena compreensão de uma empresa, sua estratégia, operação e demandas de seus clientes é de suma importância para um investimento seguro.

Lembre-se: a falta de informação eleva significativamente os riscos do investimento. É neste ponto que se fundamenta a importância da visita. Atravessar o país para visitar uma empresa que se configura como investimento potencial pode te surpreender.

O conhecimento adquirido na experiência pode te poupar de um investimento malsucedido, ao mesmo tempo que pode te assegurar uma grande oportunidade de investimento.

Não hesite em visitar uma companhia por julgar que os deslocamentos necessários são caros. Um investimento ruim devido à falta de informação custará muito mais ao investidor do que alguns dias de viagem.

\\\//\\\//\\\

## WARREN BUFFETT E AS DEMONSTRAÇÕES DOS FLUXOS DE CAIXA

*Suno Call 302 – 26/04/2019*

> *"Existe uma grande diferença entre as empresas que precisam de muito capital para crescer e aquelas que crescem com pouco ou nenhum capital."*
> Warren Buffett

Sobre alguns conceitos e documentos fundamentais relacionados à contabilidade de uma empresa, apresentarei a visão de Mary Buffett, retirada de seu livro *Warren Buffett and the Interpretation of Financial Statements*, sobre como Warren Buffett interpreta as Demonstrações dos Fluxos de Caixa (DFC).

A DFC é um documento extremamente relevante na análise de uma empresa, pois, sem ela, não podemos compreender se os lucros da companhia se convertem em fluxos de caixa positivos.

Contrariando o que muitos imaginam, existe uma diferença enorme entre lucro e geração de caixa. Uma empresa pode ter entrada de caixa através da contração de dívidas ou emissão de ações, e não ser lucrativa. O inverso também é possível. Uma empresa pode ser lucrativa com muitas vendas a prazo, o que não gera fluxos de caixa no momento da venda.

Assim, a DFC mostrará se a empresa gera mais caixa do que gasta ou se a empresa gasta mais caixa do que gera.

A DFC de uma companhia pode ser complexa, dependendo das atividades realizadas, portanto, para fins didáticos, utilizarei o modelo que Mary Buffett apresentou em seu livro.

Basicamente, uma DFC pode ser dividida em três seções. São elas: fluxo de caixa operacional, fluxo de caixa de investimentos e fluxo de caixa de financiamentos.

**Fluxo de Caixa Operacional**

A primeira seção da demonstração envolve as atividades operacionais da empresa. Nesta seção, são adicionadas a depreciação e amortização ao lucro líquido da companhia.

Isso se deve ao fato de que, apesar de a depreciação e amortização serem despesas do ponto de vista contábil, elas representam um desembolso de caixa que já foi realizado em outro período; portanto, não há saída de caixa.

| Fluxo de Caixa Operacional | R$ Milhões |
|---|---|
| Lucro Líquido | 5.981 |
| Depreciação | 1.163 |
| Amortização | 125 |
| Caixa Total de Atividades Operacionais | 5.981 |

## Fluxo de Caixa de Investimentos

Nesta seção são incluídos os gastos com bens de capital (CAPEX) e outros fluxos de caixa de investimento. CAPEX (*Capital Expenditure*) são os investimentos em ativos que possuem vida útil longa, como máquinas, equipamentos, imóveis, patentes, entre outros.

Warren Buffett crê que este ponto é fundamental na análise de uma DFC. Muitos modelos de negócio requerem CAPEX elevado simplesmente para manter a operação. Pense em uma empresa da indústria siderúrgica. Os gastos com máquinas e equipamentos são elevados quando comparados a um banco digital, por exemplo.

| Fluxo de Caixa de Investimento | R$ Milhões |
|---|---|
| CAPEX | -1.648 |
| Outros Fluxos de Caixa de Investimento | -5.071 |
| Caixa Total de Atividades de Investimento | -6.719 |

Segundo Mary Buffett, geralmente companhias com vantagem competitiva duradoura utilizam uma pequena parcela de seus ganhos com CAPEX, quando comparadas a empresas que não possuem vantagens competitivas.

Mary Buffett afirma em seu livro que *"Warren descobriu que, se a companhia utiliza 50% ou menos de seu lucro líquido com CAPEX, este é um bom lugar para buscar vantagens competitivas duradouras".*

Além do CAPEX, existem outros fluxos de caixa de investimentos que representam o capital recebido ou gasto com ativos geradores de renda (como títulos públicos).

## Fluxo de Caixa de Financiamentos

Nesta seção são apresentadas as entradas e saídas de caixa das atividades de financiamento. Incluem-se todas as saídas de caixa de pagamentos de dividendos, recompra de ações e pagamentos de dívidas, além de todas as entradas de caixa de emissões de novas ações e de dívidas.

| Fluxo de Caixa de Financiamento | R$ Milhões |
|---|---|
| Pagamento de Dividendos | -3.149 |
| Emissão (Recompra) de ações | -219 |
| Emissão (Pagamento) de dívidas | 4.341 |
| Caixa Total de Atividades de Financiamento | 973 |

Neste ponto, Mary Buffett afirma que empresas que historicamente recompram ações com frequência possivelmente sustentam vantagem competitiva duradoura, pois a recompra de ações geralmente é uma decisão que envolve excesso de caixa.

Empresas que possuem vantagens competitivas frequentemente geram excesso de caixa e, quando não conseguem realizar investimentos rentáveis, podem recomprar ações ou distribuir o lucro aos seus acionistas na forma de dividendos.

Somando os resultados das três seções mencionadas, temos a variação de caixa da empresa. Quando positiva, sabemos que os fluxos de caixa daquele período resultaram em entrada de caixa maior do que saída de caixa.

Deste modo, Mary Buffett aponta dois elementos importantes que Warren Buffett busca na tentativa de encontrar empresas com vantagens competitivas duradouras: empresas cujo CAPEX não representa parcela significativa dos lucros e que historicamente recompram ações com frequência.

| Caixa Total de Atividades Operacionais | 7.269 |
|---|---|
| Caixa Total de Atividades de Investimento | -6.719 |
| Caixa Total de Atividades de Financiamento | 973 |
| **Variação de Caixa** | **1.523** |

\\\///\\\///\\\

## CHARLIE MUNGER E A ARTE DE ESCOLHER AÇÕES
*Suno Call 353 – 11/07/2019*

Charlie Munger, sócio de Warren Buffett na Berkshire Hathaway, discorreu com maestria sobre como os investimentos em ações podem ser uma mescla de ciência e arte, envolvendo matemática básica, psicologia e contabilidade.

Segundo o bilionário, investimentos envolvem grandes complexidades, que requerem habilidades muito simples. Alguns conhecimentos são necessários, mas qualquer indivíduo pode aprendê-los.

Você não precisa ser um gênio para saber investir. Basta que tenha algumas características e conhecimentos que podem ser desenvolvidos com disciplina, planejamento e persistência.

Para Munger, conhecer matemática básica é essencial. Quando digo básica, estou me referindo à matemática que aprendemos no ensino médio. Elementos simples como juros compostos, probabilidade e combinações devem ser conhecidos para que o investidor consiga construir modelos mentais que permitirão ter visão crítica para solucionar problemas, que inevitavelmente surgirão na tomada de decisões de investimentos.

A diversidade dos modelos é fundamental para lidar com os problemas, pois, como afirma Munger, *"para uma pessoa com um martelo, todos os problemas se parecem com pregos"*. Com isso, o sócio de Buffett defende que pessoas que desenvolvem apenas algumas ferramentas tentam distorcer a realidade para que a situação se enquadre em seu modelo. Isso pode parecer interessante na teoria, mas na prática os resultados serão desastrosos.

Além da matemática, Munger defende que a compreensão de alguns conceitos de psicologia é necessária, pois, muitas vezes, em se tratando de investimentos, temos de agir de maneira contrária à natureza humana, o que é extremamente difícil se você não compreende o modo como o ser humano pensa e age.

Por fim, o bilionário argumenta sobre a importância de conhecer a contabilidade e suas limitações. Novamente, o investidor não precisa necessariamente ter os conhecimentos profundos que um contador possui sobre o tema, mas conhecer a linguagem financeira dos negócios e as limitações que essa forma de comunicação possui são de extrema importância para que suas decisões de investimentos sejam concebidas de maneira racional e consciente.

Após apresentar os conhecimentos básicos que Munger acredita serem necessários para que o indivíduo se torne um bom investidor, o vice-presidente da Berkshire Hathaway aponta em seu texto, *Art of Stock Picking*, os elementos que o investidor deve observar quando escolhe as ações que pretende adquirir.

Munger acredita que o investidor deve olhar para o eventual sucesso ou fracasso das empresas e sempre questionar o porquê. Muitas vezes, as respostas envolverão dois temas: as eficiências e ineficiências da gestão, bem como as vantagens e desvantagens de escala.

Para explicar as vantagens de escala de maneira didática, Munger traz um exemplo matemático muito simples, porém excelente.

Considere que você é um fabricante de reservatórios esféricos de água que utilizam aço inoxidável em sua produção. Quanto maior for o reservatório, maior a quantidade de aço utilizado na fabricação, entretanto, o aumento do volume não é equivalente ao aumento do uso do material. Enquanto o material gasto para a fabricação aumenta em razões quadráticas (superfície), o volume interno dos tanques aumenta em razões cúbicas (volume). Assim, quando você produz tanques maiores, o material utilizado na superfície aumenta menos, proporcionalmente, do que o volume dos tanques, o que traz ganhos de escala.

Em uma empresa, as vantagens de escala podem vir em diversas formas e, muitas vezes, os benefícios são significativos e trazem grandes vantagens competitivas para a companhia que as detém.

Entretanto, Munger afirma que nem sempre a escala traz vantagens. Junto com a escala vem a burocracia, o que pode se tornar uma grande desvantagem para a organização. Uma empresa muito grande e burocrática perde eficiência e flexibilidade nas tomadas de decisões, o que reduz a competitividade, piorando seus resultados frente à concorrência. Deste modo, como afirma Charlie Munger, *"maior nem sempre é melhor"*.

Isso nos leva ao segundo fator responsável pelo sucesso ou fracasso das companhias: a gestão. Para que uma empresa administre com sapiência suas vantagens e desvantagens competitivas, a gestão deve estar engajada e motivada a executar a estratégia proposta da maneira mais eficiente possível, considerando as consequências de cada decisão no resultado de longo prazo da empresa.

Munger defende que o investidor deve sempre estar atento à gestão da empresa. Ela é responsável pelas decisões estratégicas e de alocação de capital que se refletirão nos resultados futuros da companhia. Estude o histórico dos gestores e o seu comprometimento com os interesses dos acionistas.

Muitas vezes, uma empresa que apresenta resultados excelentes, mas possui uma gestão medíocre, pode ser um investimento pior do que uma empresa que apresenta resultados apenas medianos, mas com uma gestão excelente. O futuro depende da gestão, e os resultados podem mudar.

Tim Koller e Richard Dobbs, no livro *Value: The Four Cornerstones of Corporate Finance,* concordam com Munger e classificam a gestão como um dos pilares fundamentais para a geração de valor de qualquer empresa.

Os autores defendem que, em uma mesma operação, uma empresa pode gerar mais valor através de gestores melhores e mais engajados com o empreendimento, do que o concorrente imediato no mesmo patamar. A gestão pode ser a maior responsável pelo sucesso de uma companhia.

\\\//\\\//\\\

## CHARLIE MUNGER:
## CINCO PASSOS PARA RESOLVER UM PROBLEMA

*Suno Call 459 – 10/12/2019*

Veja como Charlie Munger aborda a resolução de problemas de investimento de forma prática, utilizando um processo de cinco passos.

Em 1996, Charlie Munger fez um discurso informal intitulado *"Practical thought about practical thought?".* Posteriormente, este discurso foi adicionado à sua biografia não oficial: *Damn Right: Behind the Scenes with Berkshire Hathaway Billionaire Charlie Munger.*

Além disso, em seu livro *Poor Charlie's Almanack*, ele alerta que muitas pessoas não entendem esse discurso. Munger diz que houve falhas de comunicação quando ele discursou e, portanto, muitos têm dificuldade em entender a mensagem.

Em sua fala, ele foca em explicar o sucesso da Coca-Cola ao longo do século passado, passando desde a fase em que era uma pequena companhia familiar até os tempos em que se tornou uma das maiores companhias do mundo.

Como parte do que expõe, o lendário investidor também destacou alguns passos utilizados por ele para resolver problemas rapidamente, de modo que esse discurso constitui um raro exemplo prático de como Munger utiliza seus famosos modelos mentais para abordar os investimentos.

O problema proposto por ele pode ser assim resumido:

Você está no ano de 1884 e foi escolhido como o outro sócio para os negócios da Coca-Cola. Você deve, para tanto, demonstrar em 15 minutos que seu plano de negócios fará a empresa valer US$ 2 trilhões após 150 anos, mesmo pagando uma grande parte de seus lucros como dividendos ao longo do tempo.

Munger, então, utiliza seus cinco passos para resolver o problema.

### Passo 1 – Simplificar o problema.

Na proposição do lendário investidor, geralmente o primeiro passo para resolver esse tipo de problema é simplificá-lo, decidindo as grandes questões óbvias primeiro.

Neste caso, o investidor deveria pensar a respeito da natureza do produto. Ele atende a um público bastante geral? A marca tende a ser única, gerando vantagens competitivas em relação aos competidores?

### Passo 2 – Usar números para verificar o que é necessário para atingir o objetivo.

Neste caso, devemos calcular a quantidade de dinheiro que a companhia precisa fazer a cada ano, bem como a quantidade de produtos que ela deve fabricar para atingir esse objetivo.

Em essência, nessa parte é necessário estimar a matemática geral do negócio. Devem ser assumidas premissas que embasam estimativas do lucro por produto, das quantidades consumidas *per capita*, além do tamanho da população em 2034 – para se estimar o tamanho do mercado.

### Passo 3 – Estudar o produto e entender os padrões do consumo humano.

Neste caso da Coca-Cola, ao entender os padrões de consumo, devemos refletir sobre o que faz o ser humano desejar uma bebida em específico. Assim, este passo é necessário para solucionar o problema de "criar um produto com apelo universal".

### Passo 4 – Fatores "*Lollapalooza*".

O termo "efeitos *Lollapalooza*" foi cunhado por Munger na década de 1990. Tal efeito considera que diversos tipos de vieses, tendências e modelos atuam ao mesmo tempo, direcionando os investidores a uma ação em particular – algo como a euforia, que leva os investidores a perseguir ativos em forte tendência de alta, por exemplo.

Neste passo, o ponto principal é evitar cometer erros graves.

### Passo 5 – Inverter o problema.

Por fim, é necessário inverter a proposição do problema. Munger ressalta a importância de listar os aspectos que devem ser evitados na execução do plano. No exemplo em questão, ele cita os seguintes:

- A Coca-Cola deve evitar os efeitos enjoativos e desestimulantes ao consumo, oriundos do sabor residual, que é uma parte atrelada à fisiologia do ser humano;
- A companhia deve evitar perder sua marca poderosa;
- Deve também evitar efeitos negativos da inveja, buscando focar na qualidade do produto, na qualidade da apresentação do produto e na razoabilidade dos preços;
- Por fim, deve evitar mudanças bruscas e repentinas no sabor, que são capazes de despertar reações negativas exageradas do consumidor, devido à quebra de expectativas.

**Conclusão**

Charlie Munger é um investidor que possui muitos ensinamentos registrados ao longo de sua vida. Trata-se de um dos maiores investidores, com o qual todos podemos aprender inúmeras coisas para a construção de novas habilidades no âmbito dos investimentos.

# V – CARTAS ANUAIS

*"Nós buscamos constantemente negócios que atendem a três critérios. Primeiramente, eles precisam apresentar bons retornos sobre o patrimônio líquido tangível. Em segundo lugar, precisam ser dirigidos por gestores honestos e capazes. Por último, precisam estar disponíveis a preços atraentes."*

# A CARTA ANUAL DE WARREN BUFFETT
*Suno Call 262 – 25/02/2019*

Todos os anos, Warren Buffett escreve sua carta anual aos acionistas da Berkshire Hathaway.

Ainda que você não seja acionista da empresa, vale a pena ler o que o papa do *Value Investing* está pensando. Sempre aprendo quando leio as palavras do Oráculo de Omaha.

E a carta de 2019 foi um pouco mais curta, em termos de palavras, que as dos anos anteriores. Vi em um estudo que foi a carta com menor número de palavras em trinta anos. Isto não significa que seja de menor importância.

Antes de tudo, a Berkshire seguia mais sólida que nunca, com forte fluxo de caixa positivo e US$ 112 bilhões em reservas.

Por outro lado, Buffett confessava que vinha tendo dificuldades de alocar capital na velocidade que gostaria, ou seja, fazendo uma grande aquisição. A última grande aquisição da Berkshire Hathaway havia sido em 2016, quando comprou a Precision Castparts por US$ 37,2 bilhões.

Desde então, Buffett vinha buscando fazer uma grande aquisição, sem sucesso.

Buffett é muito rigoroso em seu processo de precificar ativos e somente gosta de comprar um ativo num preço interessante.

Na carta de 2019, ele citava que *"os preços dos ativos estão nas alturas para negócios com um prospecto de longo prazo decente"*. E para mim esta é a grande lição dessa carta: se não existe bons negócios a bons preços, o melhor a fazer é esperar. E quando a hora chegar, Warren Buffett vai ser o único com US$ 112 bilhões em liquidez imediata para adquirir negócios grandes.

Além disso, Buffett falou que é natural que a Berkshire Hathaway seja uma compradora de suas ações, de maneira cada vez mais intensa.

Eu gosto desta alocação de capital. Além dos benefícios fiscais para o acionista em relação aos dividendos, essas ações podem inclusive ser utilizadas como moeda de troca em futuras aquisições, algo que Buffett já fez no passado.

Outro ponto que merece ser destacado é a filosofia de manter uma fortaleza financeira em seu caixa:

> *"Berkshire será sempre uma fortaleza financeira. Ao gerir, vamos fazer uma série de equívocos de comissão e vários de omissão, alguns que deveriam ser óbvios para mim. Em alguns momentos, nossa ação irá cair quando investidores fugirem de renda variável. Porém, eu nunca serei pego sem caixa em nosso balanço."*

Eu busco empresas com gestores que tenham esta mentalidade.

\\\//\\\//\\\

## LIÇÕES DE WARREN BUFFETT

*Suno Call 285 – 02/04/2019*

O maior investidor do mundo, Warren Buffett escreve anualmente sua carta aos acionistas da Berkshire Hathaway. Aqui, trataremos de algumas lições de investimento retiradas da carta escrita em 1977.

### Conhecer a empresa é fundamental

Para Buffett, é imprescindível que o investidor compreenda o modelo de negócio que está adquirindo. Assim será possível entender a qualidade dos lucros gerados pela companhia.

Com qualidade, quero dizer que os lucros devem ser provenientes de atividades que a companhia se propõe a fazer como prioridade. Estes são os lucros operacionais.

Muitas vezes, os resultados da empresa podem ser mascarados com lucros não recorrentes, provenientes de atividades não operacionais.

Pense no caso de uma instituição de ensino com diversas unidades. Suas receitas operacionais têm origem no pagamento da anuidade por parte dos alunos. Caso a companhia opte por vender algumas de suas unidades, as vendas afetariam seu resultado, porém de maneira não recorrente.

O investidor não deve esperar que aquele resultado se repita. Por outro lado, caso a companhia adquirisse novas escolas e aumentasse seus lucros anuais, devido a um crescimento no número de alunos e ganhos de eficiência operacional, a qualidade destes lucros seria maior.

Para Buffett, um bom indicador da performance financeira da gestão de uma empresa é o retorno sobre o patrimônio líquido. Com exceção de alguns casos específicos, quando elevado, consistente e originado por lucros sustentáveis (operacionais), o indicador pode apontar para uma gestão sólida.

**Erros serão cometidos ao longo do caminho**

Todas as pessoas cometem erros quando o assunto é investimento. O futuro é imprevisível. A dinâmica de mudanças que rege o mundo certamente surpreenderá a todos. Segundo Buffett, na década de 1970, *"alguns erros relevantes foram cometidos".*

Nem sempre os gestores da empresa agem da maneira correta e, muitas vezes, a alocação dos recursos não é satisfatória. Para Buffett, o investidor deve buscar empresas onde alguns erros possam ser cometidos e, ainda assim, seja possível alcançar um resultado satisfatório.

## Os quatro critérios que guiam os investimentos

Como mencionado anteriormente, Buffett acredita ser fundamental para o investidor conhecer profundamente o modelo de negócio. Deste modo, o primeiro critério para realizar um investimento é alocar capital somente em empresas que você realmente compreende.

Em segundo lugar, o investidor deve olhar para as perspectivas de longo prazo da empresa. O investimento deve ser realizado apenas quando estas se mostrarem favoráveis. Empresas cujo setor está fadado a mudanças significativas no curto prazo se tornam pouco atraentes.

Pense no caso da Saraiva. A empresa, que liderou o setor de livrarias no país durante anos, viu seu modelo de negócio sucumbir diante da revolução tecnológica dos últimos tempos.

Com grandes custos fixos, a empresa perdeu competitividade e acabou entrando com pedido de recuperação judicial no final do ano de 2018.

O terceiro critério fundamental para Warren Buffett está relacionado à gestão da empresa. Segundo o megainvestidor, a empresa deve ser gerida por pessoas honestas e competentes.

É imprescindível, quando analisamos uma empresa, olhar onde se encontra o poder. Uma empresa bem gerida, com um conselho administrativo independente e com poder suficiente para manter os interesses dos gestores alinhados com os interesses dos acionistas, é fundamental.

Por fim, mas não menos importante, o investimento deve ser realizado apenas quando a empresa estiver sendo negociada a um preço muito atraente, além de atender todos os critérios anteriormente mencionados. Uma boa empresa, com um modelo de negócio sólido e gestão competente, nem sempre se configura como um bom investimento. Caso suas ações estejam sendo negociadas a um preço elevado, o investimento se torna pouco interessante.

Além destes, centenas de outros ensinamentos podem ser encontrados nas cartas anuais de Warren Buffett. As cartas estão disponíveis no *site* da companhia.

\\\//\\\//\\\

## ALGUNS ENSINAMENTOS VALIOSOS DE WARREN BUFFETT

*Suno Call 385 – 26/08/2019*

Warren Buffett é, no momento da publicação deste livro, um dos homens mais ricos e o maior investidor do planeta. Sua habilidade inestimável com relação ao mercado de ações conferiu-lhe o apelido de "Oráculo de Omaha".

Desde o começo de sua carreira até os dias de hoje, Buffett sempre procurou dividir com o mundo sua experiência. O bilionário possui várias frases célebres e muitos ensinamentos que são amplamente difundidos no mundo dos investimentos, inclusive vários materiais sobre sua abordagem de investimentos.

Acredito que abordar esses conselhos é extremamente benéfico aos iniciantes e, sobretudo, importantíssimo para relembrar aos mais experientes.

### Foque no longo prazo

Para construir um patrimônio relevante, o investidor não deve comprar uma ação com a única intenção de vendê-la no futuro. Buffett acredita que se deve jogar o jogo do longo prazo.

Em sua carta aos acionistas da Berkshire Hathaway de 1988, o bilionário faz menção à compra de participação na Coca-Cola e no Federal Home Loan Mortgage. Em seguida, completa:

> *"Quando compramos porções de um negócio excelente, com gestão excelente, nosso horizonte de tempo favorito para o investimento é: para sempre."*

O CEO reitera que sua mentalidade é totalmente oposta àquela na qual os investidores se apressam para vender e embolsar lucros quando as companhias performam bem, ao mesmo tempo em que abraçam os negócios que desapontam. Buffett possui a mentalidade de dono.

Peter Lynch faz uma analogia apropriada a essa atitude precipitada de vender ações: *"é o mesmo que cortar as flores e regar as ervas daninhas".*

Juntar uma companhia excelente, com gestão excelente, comprada a um preço excelente, ao poder dos juros compostos no longo prazo, é uma das armas mais poderosas para o sucesso nos investimentos. Segundo Buffett:

> *"O mercado de ações transfere dinheiro dos impacientes para os pacientes."*

## Invista em companhias que estão no seu círculo de competência

Ainda na carta de 1988, Buffett ressalta sua estratégia de investir nas companhias das quais possui um bom entendimento a respeito do negócio:

> *"Nós continuamos a concentrar nossos investimentos nas*

> *companhias que entendemos bem. Existem apenas alguns negócios sobre os quais temos fortes convicções quanto ao longo prazo."*

O CEO da Berkshire já disse, em outras ocasiões, que seu método é simples. Ele tenta comprar negócios com bons fundamentos econômicos, geridos por pessoas honestas e capazes, cotados a bons preços. E o que isso tem a ver com o negócio estar no círculo de competência?

Para saber se o negócio possui bons fundamentos econômicos, você deve entendê-lo. Para saber se os gestores são capazes e honestos, você deve entendê-lo. Para saber se o preço está adequado, oferecendo margem de segurança, você deve entendê-lo.

Entender o negócio é uma das chaves do sucesso de Buffett. Evitar investimentos que não se encontram em seu círculo de competência fez com que Warren se afastasse da compra de empresas de tecnologia durante a Bolha da Internet.

## A diferença entre preço e valor

> *"O mercado de ações está repleto de indivíduos que sabem o preço de tudo e não sabem o valor de nada."*

Esta frase foi dita por Phil Fisher, um investidor americano já falecido. Por meio dela, Phil diz que muitos indivíduos se importam apenas em observar as cotações dos códigos das ações, sem saber, de fato, o real valor de ser dono de uma ação.

Certa vez, Buffett disse:

> *"Por alguma razão, as pessoas se inspiram na movimentação dos preços, e não nos valores. Preço é o que você paga. Valor é o que você leva."*

O valor de uma ação é determinado pela sua capacidade de gerar dinheiro no longo prazo. Warren acredita que o quanto você paga determina a quantidade de valor que você leva. Isto é, pagando muito, você leva pouco valor; e quanto menos você paga, mais valor você leva.

Explicando de maneira mais didática: se uma empresa lucra R$ 10 milhões por ano e você a compra por R$ 100 milhões, o preço que você pagou foi R$ 100 milhões e o valor que você levou foi R$ 10 milhões por ano.

Por outro lado, se o investidor paga R$ 150 milhões, estaria levando menos valor pela quantia paga. Ao passo que, se tivesse pagado menos, digamos cerca de R$ 75 milhões, levaria bem mais valor pela quantia paga.

O segredo do jogo é sempre pagar menos por um maior valor. Além disso, o preço é muito mais volátil do que o valor, de modo que o investidor deve aproveitar as situações nas quais ocorre um descasamento entre ambos.

Estes são apenas alguns dos ensinamentos de Buffett que julgo relevantes. Acredito que podemos extrair muito conhecimento das experiências, cartas, entrevistas, assim como dos investimentos do Oráculo de Omaha.

\\\//\\\//\\\

## POR QUE A BERKSHIRE HATHAWAY NÃO PAGA DIVIDENDOS?

*Suno Call 474 – 06/01/2020*

Com o grande caixa que a Berkshire Hathaway vem acumulando nos últimos anos, muitos investidores se questionam sobre o motivo pelo qual ela não distribui parte desse dinheiro como dividendos aos seus acionistas. No seu relatório do terceiro trimestre de 2019, a Berkshire reportou uma geração de caixa excelente, além de um caixa recorde: US$ 128 bilhões.

Em uma de suas cartas anuais aos acionistas da Berkshire (a de 2012), Buffett endereça essa questão dos dividendos de maneira bem detalhada, com uma seção dedicada apenas a isso, apesar de já ter comentado sobre a questão brevemente em outras cartas.

Buffett afirma que uma empresa pode alocar seus lucros em várias alternativas (que não são mutuamente excludentes). Primeiramente, os gestores devem examinar as possibilidades de reinvestimento oferecidas pelos negócios da empresa. Isto é, aumento de eficiência em projetos, expansão territorial, expansão e melhoria de produtos ou até mesmo melhoria das vantagens competitivas estruturais, mantendo os concorrentes afastados.

A principal prioridade da gestão da Berkshire com relação aos seus fundos sempre será examinar onde eles podem ser inteligentemente alocados em seus mais variados negócios. Mas, mesmo após alocar capital em suas operações, a Berkshire irá, regularmente, gerar um caixa adicional. Assim, seu próximo passo é sempre buscar aquisições não relacionadas aos negócios atuais.

Neste ponto, Buffett e Charlie buscam transações que apresentem boas probabilidades de deixar seus acionistas mais ricos (numa base de comparação por ação) do que eram antes da aquisição.

É claro que, embora a Berkshire tenha entregado resultados excelentes desde sua concepção, seu tamanho atual dificulta um pouco a realização de aquisições significativas. Ainda assim, o fechamento de um negócio grande ainda oferece possibilidades de adicionar um ótimo valor intrínseco à empresa.

Um terceiro uso para os fundos – além da alocação nos negócios já existentes e da compra de novos negócios – são as recompras de ações. Trata-se de um bom jeito de gerar retornos aos acionistas, mas apenas quando o preço das ações na recompra está abaixo do valor intrínseco. Nas decisões de recompra, o preço é o fator mais importante.

Buffett acredita que a recompra é o jeito mais seguro de usar os fundos da companhia de maneira inteligente, pois "*é difícil errar quando se está comprando uma nota de um dólar pagando US$ 0,80*".

Além disso, no mercado americano, os dividendos são taxados, o que faz com que os acionistas incorram em perdas, mesmo se reinvestirem seus dividendos nas ações da companhia.

De maneira resumida: Warren Buffett acredita que o dinheiro pode dar melhores retornos sendo utilizado de outras maneiras, em vez da distribuição de dividendos.

No entanto, também cabe citar um trecho de autoria de Charlie Munger, na carta aos acionistas de 2014. Munger sabiamente diz que "*faz parte da política da Berkshire que ela não pague dividendos enquanto mais de um dólar de valor de mercado seja criado para os acionistas para cada dólar de lucro que é retido para reinvestimentos na companhia*".

Outro aspecto da política da Berkshire é comprar negócios com dinheiro, evitando emissão de ações para tal. Por isso, faz sentido guardar um excesso de caixa significativo.

Vale ressaltar que excesso é o que está além do colchão de segurança de US$ 20 bilhões que Buffett gosta de ter para eventuais tempos difíceis e do caixa ligado aos negócios de seguros, que também deve ser mantido.

Portanto, enquanto o uso dos lucros for capaz de gerar o valor que a Berkshire considera atraente aos seus acionistas, ela não irá distribuí-lo na forma de dividendos.

\\\///\\\\///\\\\

# WARREN BUFFETT: NÃO IGNORE OS LUCROS RETIDOS

*Suno Call 510 – 27/02/2020*

No dia 22 de fevereiro de 2020, Warren Buffett publicou sua carta aos acionistas da Berkshire Hathaway referente ao período de 2019. Como sempre, trata-se de uma aula, repleta de *insights* valiosos que servem para investidores de todos os níveis. Buffett dedicou grande parte dessa carta a discutir o poder dos lucros retidos.

> *"Na Berkshire, Charlie e eu temos focado há muito tempo em utilizar os lucros retidos de forma vantajosa"* – disse o bilionário.

Já abordei no texto anterior o fato de a Berkshire Hathaway não ter como hábito pagar dividendos aos seus investidores, preferindo as recompras como forma de gerar valor aos seus acionistas.

Ao invés de retornar dinheiro (dividendos) aos investidores, Buffett sempre priorizou o reinvestimento de capital oriundo de lucros retidos. Na história da Berkshire, isso foi feito, majoritariamente, por meio da aquisição de companhias inteiras, de participações em companhias ou de investimentos em capital nas companhias já adquiridas pela Berkshire.

Com relação a esta última modalidade, Buffett ressalta em sua carta que a Berkshire registrou (na década anterior) uma depreciação de US$ 65 bilhões. Para contrastar, os investimentos em ativos imobilizados (*Property, Plant & Equipment*) totalizaram US$ 121 bilhões no mesmo período.

> *"Reinvestimentos em ativos operacionalmente produtivos sempre serão nossa maior prioridade."*

Essa abordagem está de acordo com as boas práticas de alocação de capital. Trata-se de um aspecto que é bastante negligenciado, ou talvez pouco entendido, por CEOs de muitas empresas. Vários deles priorizam aquisições e o retorno de dinheiro aos acionistas, ao invés de reinvestimentos nos negócios. É algo que faz pouco ou até mesmo nenhum sentido.

Reinvestimento sempre deve vir em primeiro lugar, se o gestor é capaz de encontrar oportunidades atraentes. Em segundo lugar, vêm as aquisições capazes de gerar valor (não são aquelas que são feitas por pura vaidade, que geralmente destroem valor).

Buffett defende o raciocínio de que o retorno aos acionistas na forma de dividendos deve ser considerado apenas no caso em que não existam oportunidades para reinvestimento ou oportunidades que criem valor. Por sinal, ele ainda continuava a utilizar essa estratégia no momento em que este livro foi lançado.

Warren permanece investindo bilhões nos negócios que a Berkshire possui. Por outro lado, as oportunidades de aquisição têm se mostrado cada vez mais escassas. Em sua carta, ele detalha:

> *"Nós buscamos constantemente negócios que atendam a três critérios. Primeiramente, eles precisam apresentar bons retornos sobre o patrimônio líquido tangível. Em segundo lugar, eles precisam ser dirigidos por gestores honestos e capazes. Por último, eles precisam estar disponíveis a preços atraentes.*
>
> *Quando encontramos esse tipo de negócio, nós buscamos comprar 100% dele. No entanto, as oportunidades de fazer aquisições relevantes desse tipo de negócio são raras. Com maior frequência, um mercado volátil pode nos dar oportunidades de comprar grandes posições (sem a tomada do controle) de companhias negociadas em Bolsa que atendem aos nossos critérios."*

Assim, fica novamente evidente a importância de considerar os lucros retidos. Implicitamente, Buffett já dava pistas sobre isso, ao fazer com que a Berkshire não pagasse dividendos aos seus acionistas. Porém, desta vez, ele evidencia isso em alto e bom som.

Trata-se de um aspecto que devemos sempre considerar ao avaliar um investimento. Lucros retidos podem ser um grande indicador de qualidade da companhia. Mais adiante, o que os gestores decidem fazer com estes lucros nos fornece *insights* valiosos a respeito da sua capacidade de alocação de capital.

\\\///\\\///\\\

## WARREN BUFFETT SOBRE ERROS NOS INVESTIMENTOS
*Suno Call 511 – 28/02/2020*

Não posso negar que sou aficionado pelas cartas de Warren Buffett. Para mim, são uma forma de aprendizado bastante interessante. A cada ano, o Oráculo de Omaha não falha: sempre são abordados tópicos relevantes capazes de nos ensinar bastante. Por isso, abordarei mais um ponto interessante da carta de 2020: os comentários de Buffett a respeito de erros nos investimentos.

Acredito fortemente que os erros são as melhores fontes de aprendizados. Defendo que aprendemos mais com erros do que com acertos. Quando tratados de forma inteligente, os erros tendem a se transformar em benefícios.

No âmbito dos investimentos, é de extrema importância admitir, reconhecer e superar os erros, além de aprender com eles. O ato de deixar um erro passar sem servir de aprendizado pode ser bastante custoso, sobretudo devido aos custos de oportunidade.

Sem mais delongas, vamos ao que diz respeito à carta de Buffett.

No tópico de aquisições, Buffett declara que o resultado das negociações feitas pela Berkshire "*continua amplamente aceitável*", uma vez que a maioria delas trouxe um resultado favorável. Ainda assim, "*uma parte razoável*" não funcionou da maneira como o Oráculo esperava.

> *"Felizmente, muitos dos meus erros foram reduzidos a uma característica compartilhada pela maioria dos negócios que nos desapontam: à medida que os anos passam, os negócios ruins tendem a estagnar, entrando em um estado no qual as operações demandam porcentagens cada vez menores do capital da Berkshire. Enquanto isso, nossos bons negócios tendem a crescer, encontrando novas oportunidades para investir capital adicional a retornos atraentes. Por causa dessas trajetórias contrastantes, os ativos empregados nas empresas vencedoras gradualmente se tornam uma porção grande do capital total da Berkshire."*

Portanto, os negócios ruins se tornam cada vez menos expressivos diante do todo, uma vez que os bons crescem a taxas interessantes e trazem bons frutos.

> *"Como exemplo deste tipo de movimento, temos o negócio têxtil original da Berkshire. Quando compramos o controle da companhia no começo de 1965, essa operação exigia praticamente todo o capital da Berkshire. Por algum tempo, portanto, os ativos têxteis da Berkshire eram um grande obstáculo aos retornos. Finalmente, adquirimos uma porção de bons negócios. Foi uma mudança que, ao começo dos anos 1980, fez com que a operação têxtil exigisse apenas uma pequena porção do nosso capital."*

Buffett já reconheceu várias vezes que comprar a Berkshire foi um de seus grandes equívocos. Ainda assim, como o trecho acima sugere, ele admitiu isso logo e rapidamente começou a construir outros negócios por fora das operações têxteis. A gestão antiga da Berkshire, por exemplo, não entendia os problemas da companhia. Por isso, continuavam a gastar milhões na tentativa de realizar um *turnaround* da operação – sem sucesso.

Como Buffett nos provou pela sua prática, era melhor tomar a perda e superá-la. Ele acabou com as operações têxteis por completo, o que permitiu que a Berkshire aproveitasse parte do capital que anteriormente era perdido. Se Buffett continuasse persistindo com investimentos nesse negócio que passava por dificuldades, acredito que seria pouco provável que a Berkshire alcançasse um tamanho sequer próximo do que ela possui hoje.

Se ele não tivesse percebido cedo o suficiente que as operações têxteis jamais sobreviveriam da maneira como a gestão antiga buscava, talvez nunca tivéssemos ouvido falar de Warren Buffett.

Claramente, com esta experiência que viveu, o Oráculo de Omaha mostra que reconhecer um erro rapidamente, cortar as perdas e seguir em frente é algo vital. Colocar dinheiro em algo que é ruim nunca será uma boa estratégia de investimentos.

# VI – EVENTOS

*"Você pode começar com uma pequena bola de neve. Se ela rolar montanha abaixo suficientemente (a minha montanha já possui 53 anos, que foi quando comprei minha primeira ação) e se a neve for meio 'grudenta', você terá uma grande bola de neve ao final. Então alguém pergunta: 'como levar a pequena bola de neve ao topo da montanha?' Eu não conheço outro caminho de fazê-lo que não seja gastando menos do que você ganha e poupando dinheiro – a não ser que você tenha alguma herança."*

# ENCONTRO COM WARREN BUFFETT EM 2018
*Suno Call 064 – 07/05/2018*

Todo ano Warren Buffett se reúne com seus acionistas no evento anual da Berkshire Hathaway, evento este que costuma ocorrer nos primeiros finais de semana de maio.

Dois senhores de idade (em 2018, quando este texto foi escrito, Buffet tinha 87 anos e seu sócio Charles Munger, 94) conseguem reunir uma plateia de 40 mil pessoas para ouvi-los, respondendo a todo tipo de pergunta. Obviamente, o foco principal são investimentos e negócios.

Posso estar enganado, mas acredito que nunca antes na história da humanidade senhores dessa idade foram capazes de reunir uma plateia tão grande. Essa é uma das maravilhas de ser investidor: você se torna melhor com a idade. É um dos raros ofícios em que isso ocorre.

O deslocamento para Omaha, no estado do Nebraska, é um empecilho para os investidores brasileiros. Felizmente, com os avanços tecnológicos, é possível ver a reunião da Berkshire pela Internet. Em 2018, o canal Yahoo Finance transmitiu ao vivo com exclusividade.

São mais de sete horas de filmagens. Então, para muitos, isso pode representar um desafio para acompanhar a reunião. Pensando naqueles que não podem, ou não querem, ficar sete horas assistindo à reunião, resolvi fazer um resumo dos principais acontecimentos do evento de 2018.

Obviamente, resumir sete horas em poucas linhas é desafiador, ainda mais quando temos um entrevistado como Warren, de quem cada frase tem um ensinamento novo.

Vamos aos destaques:

## A Berkshire vai pagar dividendos?

Apesar de ter mais de US$ 100 bilhões em disponibilidades, Warren descartou, ao menos naquele momento, qualquer pagamento de dividendos.

Alguém pode se perguntar: "por que investir em uma empresa que não paga dividendos?"

Algum dia a empresa vai pagar, pois tem uma posição de caixa considerável e é uma das empresas que mais gera caixa do planeta. Não tenho dúvidas de que, no dia que a Berkshire pagar dividendos, a empresa de Warren Buffett será uma das empresas que mais pagam dividendos do mundo. Obviamente, quem adquiriu ações da empresa no passado vai receber um generoso dividendo frente ao preço de aquisição.

> "Nós procuramos marcas cujos produtos beijem os clientes ao invés de dar um tapa neles."

Esta frase me marcou e foi dita no contexto de comprar ações de empresas cujos clientes são usuários assíduos dos produtos, como Apple, Coca-Cola e American Express.

De certa forma, essa frase é um tapa na cara de diversas empresas do Brasil que tratam o cliente como um mal necessário. Vejo muito isso no setor de telefonia e bancário. Os clientes só compram os serviços de algumas empresas porque a competição é tão ruim quanto. O consumidor fica numa sinuca de bico: o serviço é ruim, mas a concorrência é péssima. O que fazer? Não tem para onde fugir. Ele aceita o serviço, mas com vontade de sair de lá o mais rápido possível.

As *fintechs* estão aí para aproveitar esta janela de oportunidade, oferecendo serviços de qualidade para potenciais clientes sensíveis a preço ou atendimento. Elas serão bem-sucedidas? O tempo dirá. Porém, claramente existe uma oportunidade. É isso que busco nas empresas que analisamos. Inclusive é da cultura da Suno ser uma empresa com essas qualidades que Buffett ressaltou.

**As empresas de hoje são melhores**

Buffett destacou que as empresas de hoje necessitam de menos capital para produzir lucros. As maiores empresas do mundo praticamente não precisam de capital, segundo ele. Quais são essas empresas? Apple, Google, Facebook, Microsoft, Amazon. O mundo está sendo dominado por empresas que não precisam de muitos ativos para gerar lucro.

**Criptomoedas terão final triste**

Este é um tema polêmico. Até evito falar porque se tornou quase uma discussão de base religiosa. Existe fanatismo dos dois lados. E Buffett é do time dos descrentes com criptomoedas. Não me culpem: estou apenas fazendo um resumo da reunião.

Para Buffett, Bitcoin não é um ativo que produz renda, como imóveis ou ações. Portanto, o avanço dos preços depende que mais pessoas entrem no mercado e comprem numa cotação superior à da aquisição anterior.

Quem não gostar da opinião do Buffett pode reclamar com ele diretamente na sua conta de Twitter. Porém, ele é pouco ativo nas redes sociais e provavelmente não responderá.

**Apple**

Há quem acredite que Warren Buffett não gosta de investir em tecnologia. Tendo a discordar. Eu diria que Warren Buffett é o maior investidor do planeta em tecnologia. Somadas as participações que a Berkshire detém de Apple e IBM, estas superam qualquer outro investidor do planeta.

### E o que Buffett diz a respeito de Apple?

Ele aprovou o programa de recompras da empresa, e a Berkshire detém cerca de 5% dela. Desta forma, se a empresa executar o programa de recompras, é natural que a Berkshire aumente ainda mais sua participação na empresa, mesmo sem adquirir ações. Essa é uma das maravilhas dos programas de recompras de ações, tão raros entre as companhias brasileiras.

\\\////\\\\////\\\\

## A REUNIÃO ANUAL DE ACIONISTAS MAIS ESPERADA DO ANO

*Suno Call 307 – 06/05/2019*

A reunião anual de 2019, dos acionistas da Berkshire Hathaway, ocorreu num sábado, dia 04 de maio. Nela, Warren Buffett e Charlie Munger passaram cerca de seis horas comentando sobre os resultados e o desenvolvimento da empresa, além de esclarecerem uma série de dúvidas de seus acionistas.

Muitos assuntos foram abordados e, para condensar o conhecimento passado, comentarei sobre os temas que julguei mais relevantes. Tratarei, aqui, dos ensinamentos que as duas lendas do investimento em valor nos trouxeram nessa reunião.

### Recompra de ações

Um dos primeiros temas abordados por Warren Buffett foi a recompra de ações da companhia. No primeiro trimestre de 2019, foram recomprados cerca de US$ 1,7 bilhão em ações classe A e B.

A companhia ainda possuía mais de US$ 100 bilhões em caixa para realizar investimentos e, caso Warren Buffett e Charlie Munger acreditassem que as ações da Berkshire Hathaway estavam sendo negociadas com desconto significativo em relação ao valor intrínseco, eles estariam "*certamente dispostos a investir US$ 100 bilhões em recompras.*"

Os comentários dos "Oráculos de Omaha" refletem dois ensinamentos fundamentais acerca do investimento em valor. O primeiro é a paciência. Buffett e Munger estavam dispostos a esperar até que a cotação esteja em patamar atraente para recomprar ações em volumes mais expressivos. O segundo é a margem de segurança. O investimento seria realizado somente se as ações fossem negociadas com desconto significativo em relação ao valor intrínseco.

**Investimento na Kraft Heinz**

Naquele momento, a Kraft Heinz causou controvérsia e muitas pessoas questionaram o investimento realizado pela Berkshire Hathaway. Em relação ao escândalo, Warren Buffett afirmou que a 3G Capital, empresa de *Private Equity* fundada em 2004 por Jorge Paulo Lemann, Marcel Telles e Carlos Alberto Sicupira, possui um histórico de investimentos interessantes, mas o último deles não havia trazido os resultados almejados.

Warren Buffett disse que a Kraft Heinz é uma excelente companhia, entretanto a aquisição envolveu preços elevados que não permitiram a margem de segurança adequada. Segundo Buffett, a Berkshire "*pagou muito caro pela Kraft*". Nas palavras dele, "*você pode tornar qualquer investimento em um mau negócio pagando muito*".

Esse assunto trouxe outro grande ensinamento do investimento em valor. Nem sempre os resultados de um investimento se concretizam como esperado. Se Warren Buffett afirma que já errou em seus investimentos, você pode ficar tranquilo quando cometer alguns erros.

## Compra de ações da Amazon

Os acionistas questionaram a decisão de investimento na Amazon, buscando compreender se a aquisição não foge da filosofia de investimento que a Berkshire Hathaway prega há décadas.

Buffett afirmou que, apesar de não ter participado da decisão, os gestores de investimento envolvidos, Todd Combs e Ted Weschler, são investidores de valor. Buffet disse que *"eles estão seguindo os princípios do valor. Eles não necessariamente concordam entre si, ou concordam comigo, mas eles são muito inteligentes."*

Warren Buffett afirmou que a filosofia de investimentos da Berkshire Hathaway não mudou e não mudará, uma vez que trouxe resultados satisfatórios ao longo do tempo. Buffett concluiu que os fundamentos do investimento em valor que o guiaram guiarão seus sucessores.

## Bitcoin

Quando questionado sobre Bitcoin, Warren Buffett relembrou um momento marcante de sua vida. Quando estava na sua lua de mel, em 1952, ele e sua mulher passaram por Las Vegas e foram ao Cassino do Hotel Flamingo.

Segundo Buffett, havia muitas pessoas bem vestidas apostando dinheiro em jogos que, matematicamente, não trariam retornos. Analisando a situação, Buffett olhou para sua mulher e disse: *"nós vamos ganhar muito dinheiro"*. Ao dizer isso, Buffett não se referia a ganhar do Cassino, mas à irracionalidade do ser humano, que faz apostas como se fossem investimentos.

O Bitcoin reforçou esse sentimento em Warren. Muitas pessoas compram a criptomoeda acreditando que estão investindo para o futuro; entretanto, como sabemos, investimentos envolvem ativos que geram fluxos de caixa.

Quando alguém compra um ativo que não gera fluxos de caixa, esperando vendê-lo a um preço maior do que o preço de compra, está especulando. Indivíduos que esperam lucrar com a venda de criptomoedas são especuladores, e não investidores.

Nós, investidores de valor, acreditamos que a especulação não gera retornos satisfatórios ao longo do tempo e, portanto, optamos por investir nosso capital em ativos que possuem valor intrínseco.

**Conclusão**

A reunião anual dos acionistas da Berkshire Hathaway trouxe muitos ensinamentos àqueles que buscam seguir a filosofia de investimento em valor. Recomendo que todos os investidores assistam a essa reunião na íntegra para explorar os conhecimentos que Warren Buffett e Charlie Munger passaram durante o encontro.

Alguns ensinamentos foram brevemente apresentados neste texto e podem ser resumidos nos seguintes pontos.

- Invista, não especule.
- Tenha paciência para comprar ativos com a margem de segurança necessária ao investimento.
- Mesmo sendo paciente e investindo com margem de segurança, o futuro é imprevisível e, portanto, alguns erros serão cometidos ao longo do caminho.

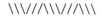

# UM POUCO SOBRE O CÍRCULO DE COMPETÊNCIA

*Suno Call 449 – 26/11/2019*

Ganhar dinheiro no mercado financeiro é desafiador, mesmo

quando você tem um profundo entendimento do que está fazendo. Até analistas profissionais podem se ver, eventualmente, em dificuldades de separar os vencedores dos perdedores.

Com a proliferação dos *Exchange Traded Funds* (ETFs), diferentes partes do mercado se tornaram mais acessíveis do que nunca. Mas, só por termos a possibilidade de negociar *commodities*, câmbio, volatilidade, ações, dentre outros, não significa que devemos, de fato, negociá-los.

Ficar percorrendo caminhos fora do nosso círculo de competência pode resultar em uma jornada cara.

Não é à toa que não vemos médicos defendendo réus, nem contadores construindo prédios: eles conhecem seus círculos de competência. De modo análogo, é dever de cada indivíduo, como investidor, definir seu próprio círculo de competência e nele se manter.

Warren Buffett é o melhor exemplo de um investidor que conhece intimamente as limitações de suas competências. À medida que a Bolha da Internet inflava, ao final dos anos 1990, ele foi se tornando um dos poucos grandes investidores que resistiram à euforia.

Buffett não sabia nada sobre semicondutores, e muito menos sobre a Internet. Porém, o ponto mais importante sobre isso era que ele não tinha medo de admitir seu círculo de competência.

Enquanto as ações de sua empresa – a Berkshire Hathaway – amargavam uma queda de quase metade de seu preço, Buffett se mantinha firme em relação ao seu racional.

Ele nunca deixou de investir em companhias que faziam negócios em áreas que ele conhecia. Mas, ao mesmo tempo, sempre buscou ao máximo evitar investir em empresas cujo *business* não conseguia entender.

Em julho de 1999, enquanto estava na Sun Valley Conference, em Idaho, Buffett subiu ao palco e deu um banho de água fria no cenário de investimentos do momento. O mais interessante desse pronunciamento de Buffett não foi o fato de que ele estava falando publicamente de um assunto de que não costumava tratar, mas, sim, quem era sua plateia.

Sentados na audiência estavam Bill Gates (Microsoft), Andy Grove (indústria de semicondutores), além de outros indivíduos recém-milionários graças às empresas de tecnologia. Para eles, a fala de Buffett talvez tenha soado como a fala de um senhor idoso que não estava conseguindo se adaptar aos novos tempos.

Naquele momento, a Berkshire acumulava uma queda de 12% nos 12 meses anteriores, enquanto o Nasdaq 100 – um índice que era fortemente composto por ações de tecnologia – havia crescido 74% no mesmo período.

O final da década de 1990 foi um período difícil para os investidores em valor. A Bolha da Internet mudou temporariamente a maneira como os negócios eram avaliados.

Por exemplo, a eToys – uma companhia que buscava comercializar brinquedos pela Internet – viu suas ações valorizarem 325% no dia do seu IPO. Na mesma época, a Toys"R"Us – uma varejista de brinquedos consolidada na época – apresentava uma receita 150 vezes maior, com lucros, enquanto a eToys apresentava prejuízos. Ainda assim, a eToys chegou a ser avaliada em US$ 7,7 bilhões, enquanto a Toys"R"Us estava precificada em US$ 5,7 bilhões.

Nesse cenário, as ações de empresas como Coca-Cola, Gillette e The Washington Post – que eram investimentos da Berkshire – foram deixadas de lado à medida que os investidores migravam das ações de valor para ações de crescimento.

Das máximas, em junho de 1998, às mínimas, em março de 2000, a Berkshire viu uma queda de 45% em seu preço. Mesmo assim, Buffett manteve seu racional, permanecendo em seu círculo de competência, sem sucumbir às ações de tecnologia. E valeu a pena: a Berkshire se recuperou, ao passo que grande parte das empresas da Bolha da Internet não sobreviveu após o estouro, no começo dos anos 2000.

\\\//\\\//\\\

## WARREN BUFFETT: QUANDO COMPRAR UMA CASA?
*Suno Call 467 – 20/12/2019*

A compra de uma casa é, provavelmente, uma das maiores aquisições que muitas pessoas fazem em suas vidas. Por isso, para grande parte destas pessoas, é a razão pela qual pensam em poupar dinheiro. Essa operação é considerada, de fato, um dos marcos financeiros mais proeminentes na vida de boa parte dos indivíduos.

De acordo com Warren Buffett, investidores devem ignorar esse ponto quando estiverem planejando suas metas financeiras de longo prazo.

Na reunião anual dos acionistas da Berkshire Hathaway de 1998, Buffett diz que, em vez de almejar comprar uma casa, os investidores devem buscar, primeiramente, a criação de patrimônio. Além disso, ele acrescenta que só é prudente comprar uma casa quando o dinheiro necessário para isso é equivalente a 10% do total do patrimônio pessoal.

Em tal reunião, quando perguntado por um jovem a respeito de conselhos para o melhor momento de compra de uma residência, Buffett respondeu:

> *"Eu vou apenas contar uma história. Quando eu me casei, tínhamos cerca de US$ 10 mil para começar nossa vida, e eu disse para Susie: 'Agora, temos duas escolhas. Nós pode-*

> mos comprar uma casa, que usará todo o meu capital e eu serei como um carpinteiro cujas ferramentas foram levadas embora. Ou você pode deixar que eu trabalhe em cima disso e, algum dia, quem sabe, talvez compremos uma casa um pouco maior'. Ela foi bastante compreensiva. Nós esperamos até 1956. Nos casamos em 1952. E eu decidi que era a hora de comprar uma casa quando o capital necessário era cerca de 10% do meu patrimônio."

Mas... depende da situação de cada um.

É claro que, como tudo na vida, nos investimentos e na gestão financeira, vários fatores devem ser ponderados. O comentário de Buffett, por mais valioso que seja, não deve ser tomado de maneira literal.

A decisão de comprar uma casa depende inteiramente de cada um e de suas necessidades, ou das necessidades familiares, e também da situação financeira no momento.

Também deve ser ponderada a questão de a casa ser ou não um investimento. Buffett explica que, se você pode conseguir um retorno de 10% no mercado, por exemplo, e os preços dos imóveis provavelmente não subirão à mesma taxa, então talvez seja interessante investir em ações.

Assim, se o indivíduo considera que consegue alcançar retornos acima de 10% ao ano no mercado, talvez seja interessante postergar a compra da casa, já que o capital necessário será mais bem empregado no mercado de capitais.

Existem outros fatores a serem considerados também, como a renda mensal, o preço da propriedade, bem como as taxas de juros. Conforme mencionado anteriormente, não existe uma solução única para este problema.

De qualquer forma, é interessante entender a visão de Buffett sobre esse assunto e estudar suas atitudes. É amplamente sabido que Buffett morou nessa mesma casa da história desde que a comprou. Ele foi paciente e esperou a oportunidade certa, ao invés de comprar a primeira propriedade que aparecesse quando ele finalmente pôde comprar uma.

\\\//\\\//\\\

## COMO COMEÇAR A INVESTIR, SEGUNDO BUFFETT
*Suno Call 476 – 08/01/2020*

Com um patrimônio de mais de 90 bilhões de dólares ao final de 2019, podemos dizer que Buffett é um dos investidores mais bem-sucedidos da história. Um dos elementos mais interessantes da história de Buffett é o fato de que ele acumulou seu patrimônio começando praticamente do zero, construindo aos poucos, com muita sabedoria e com o auxílio dos juros compostos.

Buffett começou com pouco e trabalhou arduamente para que seu patrimônio crescesse. Com 11 anos, ele começou a investir e continuamente permaneceu poupando dinheiro de vários negócios, até se tornar um investidor *full-time* na década de 1950.

Em 1994, durante uma sessão de perguntas e respostas na Universidade de Nebraska, Buffett aconselhou investidores que desejavam seguir seus passos, aproveitando-se do poder dos juros compostos no longo prazo.

Um dos estudantes pediu conselhos ao bilionário sobre como encontrar financiamento para começar seu negócio. Buffett respondeu que essa era uma pergunta difícil e a respondeu com uma analogia de uma bola de neve rolando montanha abaixo.

*"Você pode começar com uma pequena bola de neve. Se ela rolar montanha abaixo suficientemente (a minha montanha já possui 53 anos, que foi quando comprei minha*

> *primeira ação) e se a neve for meio 'grudenta', você terá uma grande bola de neve ao final. Então alguém pergunta: 'como levar a pequena bola de neve ao topo da montanha?' Eu não conheço outro caminho de fazê-lo que não seja gastando menos do que você ganha e poupando dinheiro – a não ser que você tenha alguma herança."*

Buffett vai adiante, dizendo que sempre foi interessado por investimentos e, portanto, ficava feliz ao guardar dinheiro cedo, com a meta de poder investir esse dinheiro e acumular um bom patrimônio.

> "Comecei a poupar quando tinha aproximadamente seis anos, e quando saí da escola tinha por volta de US$ 10 mil."

Um dos pontos cruciais é, portanto, conseguir o "montante inicial". Poupar o quanto antes é extremamente importante. Buffett explica como esse montante inicial adquirido cedo pode se traduzir em grandes lucros no futuro:

> "Dez mil dólares podem não parecer muito, embora isso provavelmente seja equivalente a algo em torno de US$ 100 mil atualmente [em 1994]. Isso era minha vantagem. Se eu não tivesse isso, não teria com o que trabalhar posteriormente. Não existe realmente outra maneira de conseguir capital que não seja gastar menos do que você ganha."

Transformar dez mil dólares em quase cem bilhões, numa janela de tempo de 70 anos, pode parecer uma tarefa impossível, mas Warren Buffett é a prova viva de que isso pode ser feito. Começar cedo e gastar menos do que ganhava foram seus fatores cruciais na jornada.

Portanto, repetirei o que foi citado por Buffett e acrescentarei alguns pontos: comece o quanto antes, gaste menos do que ganha (ou seja, não faça dívidas), estude seus investimentos, seja paciente e tenha disciplina.

Claro que é muito difícil chegar ao patamar de Buffett, já que muitas coisas mudaram no âmbito dos investimentos. Porém, seguindo essas "regras", suas chances de alcançar a independência financeira são muito elevadas.

\\\//\\\//\\\

## CHARLIE MUNGER NA REUNIÃO ANUAL DO THE DAILY JOURNAL

*Suno Call 504 – 17/02/2020*

No dia 12 de fevereiro de 2020, o vice-*chairman* da Berkshire Hathaway, Charlie Munger, discursou na reunião anual dos acionistas do The Daily Journal. No evento, Charlie compartilhou sua sabedoria com investidores do mundo inteiro.

Graças à *live* feita por meio do YouTube, vários investidores que não estavam presentes fisicamente tiveram a oportunidade de assistir aos ensinamentos do lendário bilionário. Eu, por exemplo, fui um dos que fizeram isso.

Como Charlie Munger sempre tem muito a nos ensinar, resolvi trazer os dois pontos por ele levantados que mais me interessaram: China e Tesla.

### Opinião de Munger sobre a China

> *"Eu acho que as empresas mais fortes não estão nos EUA. Acho que as empresas chinesas se encaixam neste quesito e estão crescendo rapidamente."*

É amplamente sabido que Munger acredita que as empresas chinesas são superiores às suas correspondentes americanas.

Mas, em seu discurso, Munger também recomendou *"caçar onde a caça é fácil"*. Ou seja, em um determinado lugar que depende do círculo de competência de cada investidor.

Em uma analogia com a pesca, o bilionário diz: *"Pesque onde o peixe está"*. Ou seja, invista onde as barganhas estão. *"E se houver muito barulho onde você está tentando pescar, busque em outro lugar"*.

Munger deixou implícita sua crença de que devem existir mais barganhas no mercado chinês. Mas, de fato, para nós que estamos bem longe da realidade desse mercado, é um ambiente de difícil análise. Para tratarmos destas empresas, é necessário muito estudo e bastante diligência.

Por fim, Munger levanta outro ponto interessante:

> *"Na China, o período médio no qual os investidores seguram seus ativos é curto. Eles amam apostar em ações."*

Este é um fator bastante relevante para os investidores de valor, uma vez que as irracionalidades tipicamente criam oportunidades interessantes para quem investe no longo prazo. Possivelmente, esse aspecto é bastante responsável por atrair a atenção de Munger.

**Tesla e Elon Musk**

Por fim, Munger disse algumas palavras interessantes sobre essa empresa tão falada nos últimos tempos. Adicionalmente, ele também se manifestou a respeito do CEO da empresa, Elon Musk.

> *"Eu tenho dois pensamentos sobre as ações da Tesla: eu nunca as compraria, mas também nunca faria short-selling com elas."*

Logo após, ele acrescentou:

*"Tenho um terceiro comentário. Nunca subestime o homem que se superestima. Eu acho que Elon Musk é peculiar e se superestima, embora ele não deva estar errado o tempo todo."*

Na reunião do Daily Journal do ano anterior, Munger compartilhou pensamentos similares, dizendo que ele – particularmente – não contrataria Musk. Isso porque Charlie buscaria pessoas que entendem suas limitações, ao invés daquelas que não entendem.

O investidor acredita que, diante de suas experiências de vida, esse tipo de pessoa vive muitas ilusões, mas ocasionalmente acerta em cheio, bastando uma sorte grande. Munger se enquadra no tipo de pessoa que prefere ser prudente.

Por fim, na reunião de 2020, Munger diz que *"as vendas da Tesla subiram porque Elon Musk convenceu as pessoas de que ele pode curar o câncer"*, isto é, devido ao grande poder de persuasão que o CEO da Tesla tem em mãos.

## VII – COMPORTAMENTO

*"A ideia número um é enxergar uma ação como uma participação numa empresa e avaliar a qualidade do negócio em termos de suas vantagens competitivas. Busque por mais valor nos fluxos de caixa futuros do que você está pagando. Tome a atitude apenas quando você tem uma vantagem."*

## VOLATILIDADE, INIMIGA DOS IMPACIENTES E ALIADA DOS INVESTIDORES

*Suno Call 274 – 18/03/2019*

> *"O investimento de sucesso leva tempo, disciplina e paciência. Não importa o tamanho do esforço ou talento, algumas coisas levam tempo: você não pode produzir um bebê em um mês deixando nove mulheres grávidas."*
> Warren Buffett

O universo dos investimentos frequentemente faz uma relação errônea entre volatilidade e risco. A literatura apresenta essa relação através do Beta, indicador muito utilizado na análise de riscos. Entretanto, segundo Buffett, o indicador não reflete, muitas vezes, o que ocorre na realidade.

A oscilação da cotação de uma ação é resultado de uma série de fatores que, frequentemente, não estão relacionados ao valor intrínseco da companhia.

Notícias acerca do cenário econômico doméstico e internacional podem afetar de forma significativa o preço da ação, porém nem sempre tais comunicados afetam, de forma proporcional, a capacidade da empresa de gerar valor para o acionista no longo prazo.

Warren Buffett, um dos maiores investidores de todos os tempos, defende que o risco está associado à possibilidade de perda permanente do capital. Diferentemente do que o mercado acredita, Buffet vê a volatilidade como geradora de oportunidades.

A teoria do mercado eficiente diz que o preço do ativo reflete todas as informações sobre ele disponíveis. Entretanto, o mercado financeiro não funciona dessa forma. Os indivíduos tendem a agir de forma irracional quando o assunto é dinheiro, e os preços encontrados no mercado de capitais são basicamente regidos pela lei da oferta e da demanda.

Quando a demanda é superior à oferta, geralmente existem indivíduos dispostos a pagar um preço maior pela aquisição do ativo, o que eleva a cotação da ação. Este fato não se reflete na operação da empresa. Às vezes a empresa está performando bem, porém algum evento insignificante pode derrubar os preços de suas ações.

O inverso também é válido. Algumas empresas que performam aquém do esperado podem ter seus papéis valorizados por algum fator irrelevante. Nesse momento, o investidor impaciente entra em cena e, irracionalmente, realiza operações que não deveria.

Muitas vezes, em momentos de crise, quando as cotações estão despencando, o investidor impaciente vende seus ativos com receio de perder seu dinheiro, quando, na realidade, deveria estar realizando aportes, pois a volatilidade está do seu lado.

Em tempos de alta, na expectativa de que o mercado continue subindo, o investidor impaciente realiza aportes em empresas que estão supervalorizadas e, com frequência, o futuro fará o preço tender ao valor da empresa, o que levará esse tipo de investidor a não obter sucesso em seus investimentos no longo prazo.

Por outro lado, temos o investidor de valor, aquele que crê na oscilação do preço como fator imprescindível para a realização de aportes. Em épocas de crise, este buscará as barganhas que o mercado tem a oferecer e, em épocas de intensa valorização dos papéis, estará ciente de que o aumento nos preços não reflete o valor intrínseco da companhia.

Assim como Buffet, acreditamos que a volatilidade é mágica. Os investidores pacientes utilizam esse recurso em seu favor, aguardando momentos em que a volatilidade mostra a irracionalidade do mercado. Assim, é possível encontrar ótimas companhias sendo comercializadas a um preço muito inferior ao seu valor.

Deste modo, o investidor de valor pode realizar seus aportes em apostas desproporcionais, nas quais a possibilidade de retornos positivos é muito superior à remota chance de perda permanente de capital. No longo prazo, a probabilidade se mostra vencedora e a volatilidade se torna grande aliada dos investidores pacientes.

\\//\\//\\

## ERROS SÃO INEVITÁVEIS
*Suno Call 369 – 02/08/2019*

Acredito que um dos métodos mais importantes para o aprendizado consiste em errar. Quando erramos, sofremos algumas consequências e, com o intuito de "não sentir dor" novamente, buscamos não cometer os mesmos equívocos.

Aprender com erros é imprescindível, não apenas no que diz respeito ao campo dos investimentos, mas para todos os âmbitos da vida. Acrescento ainda: melhor do que errar e aprender com os próprios erros é aprender com os erros alheios.

Mesmo investidores icônicos, como Benjamin Graham, também cometeram erros ao longo do caminho, sem que tais perdas comprometessem suas trajetórias de sucesso.

A partir do livro de Michael Batnick, *Big Mistakes: The Best Investors and Their Worst Investments*, falarei a respeito de Charlie Munger, o parceiro de negócios de Warren Buffett.

Batnick introduz o décimo quarto capítulo de seu livro citando o próprio Munger: "*Você precisa de paciência, disciplina e habilidade de lidar com as perdas sem enlouquecer*".

Formado em 1948 no curso de Direito, em Harvard, Munger foi apresentado a Buffett em 1959 por um amigo em comum, que considerou que eles formariam uma dupla excepcionalmente única. Como esperado pelo amigo Ed Davis, rapidamente ambos desenvolveram uma relação de proximidade muito forte.

Em 1962, Charlie fundou um *hedge fund*: Wheeler, Munger & Company. Em seu fundo, Munger alcançou retornos extraordinários de 1962 a 1969: uma média de 37,1% ao ano, antes das taxas. Para efeito de comparação, nesse mesmo período, o índice S&P 500 alcançou uma média de 6,6% ao ano, incluindo os dividendos.

No entanto, não existem dias bons sem que existam os dias ruins. Grandes perdas fazem parte do caminho do investidor de longo prazo.

> "Se você não está disposto a reagir com tranquilidade a uma queda de 50% ou mais, por duas ou três vezes em um século, você não se encaixa no perfil de um acionista e, portanto, merece o resultado medíocre que eventualmente apresentará diante da comparação com pessoas que possuem um temperamento capaz de atravessar normalmente essas flutuações do mercado", disse Munger certa vez.

Ao final de 1974, 61% de seu fundo estavam altamente concentrados na Blue Chip Stamps, uma empresa de selos para programas de fidelidade. Durante o pico de vendas, a receita da companhia era de US$ 125 milhões, porém uma desaceleração da economia levou a receita para US$ 9 milhões em 1982.

Em 2006, passou à casa dos US$ 25 mil. Essa concentração de posição levou a sérios danos no portfólio. Mais tarde, a Blue Chip Stamps se recuperou, sendo um ativo extremamente importante, responsável pela compra da See's Candies, da Buffalo Evening News, bem como da Wesco Financial.

Em 1973, Munger viu seu fundo cair 31,9%. Em 1974, outra queda: 31,5%. Já em 1975, o fundo retornou com ganhos de 73,2%. Mas isso não foi o bastante: durante as quedas, Munger perdeu um grande investidor, fato que o deixou mental e emocionalmente abalado, levando à decisão de liquidar o fundo.

Apesar das quedas brutais registradas em 1973 e 1974, o fundo entregou um rendimento médio de 24,3% ao ano durante seus 14 anos de existência. O S&P 500, por sua vez, retornou 5,2%.

Como Michael afirma em seu livro, qualquer coisa que se compõe por um longo tempo deve se decompor em algum instante. Como exemplo, no cenário de Buffett e Munger, as ações da Berkshire Hathaway chegaram ao topo histórico e caíram 20% em seis ocasiões diferentes na história.

Munger considera que o maior fator responsável pelo crescimento de sua fortuna foi sua capacidade de reagir com tranquilidade em relação às perdas. Um dos comportamentos mais destrutivos no campo dos investimentos é se desfazer deles após uma queda de preços, numa tomada de decisão baseada em emoções.

Portanto, o foco deve ser dado em não assumir uma posição desconfortável. Para isso, é importante evitar concentrações altas de um tipo de investimento, caso não esteja disposto a lidar com uma eventual grande queda.

Investir, de fato, não é uma tarefa fácil. Em momentos de queda do mercado, as perdas provavelmente serão sofridas em conjunto com os demais. Contudo, existirão momentos nos quais elas serão sofridas individualmente.

Com a abordagem dos equívocos dos grandes investidores, assim como o autor do livro, não desejo mostrar o que se deve evitar. Ao invés disso, busco ressaltar a importância de reconhecer que os erros fazem parte do jogo e eventualmente acontecerão. Porém, sempre que pudermos, devemos empregar esforços para evitá-los.

\\\///\\\///\\\

## A IMPORTÂNCIA DA MENTALIDADE DE DONO NOS INVESTIMENTOS

*Suno Call 414 – 04/10/2019*

O mercado de ações é um lugar curioso. Todos que dele participam estão interessados na mesma coisa: fazer dinheiro. Independentemente de quais sejam seus motivos. Ainda assim, a grande verdade é que não existe um caminho padrão para alcançar este objetivo.

Investidores como Benjamin Graham, Seth Klarman, Peter Lynch, Howard Marks, Warren Buffett e Charlie Munger têm muito a nos ensinar. E, de fato, nós temos muito a ganhar aprendendo com eles.

Uma das ideias-chave destes investidores é tão importante quanto simples: um conjunto de ações representa uma participação na propriedade de uma empresa. O investidor é, então, dono de uma fatia dela.

Neste sentido, cabe observar que a Bolsa de Valores é apenas um mecanismo conveniente que possibilita converter suas participações em dinheiro, e vice-versa. Sem a existência desse meio, não haveria mudanças na sua participação. A diferença estaria na hora de vendê-la: seria mais difícil, mas ainda seria perfeitamente possível.

A parte mais importante, portanto, está no que realmente as ações representam.

## Charlie Munger e a mentalidade de dono

Charlie Munger, um dos investidores que mais admiro, é autor da seguinte frase, que é trazida no livro *Poor Charlie's Almanack*:

> *"A ideia número um é enxergar uma ação como uma participação numa empresa e avaliar a qualidade do negócio em termos de suas vantagens competitivas. Busque por mais valor nos fluxos de caixa futuros do que você está pagando. Tome a atitude apenas quando você tem uma vantagem."*

Ben Graham, o pai do investimento em valor, olhava para ações como participação nos negócios de uma empresa. Se olharmos um investimento em ações sob esta ótica, nos tornamos mais propensos a buscar o conhecimento sobre estarmos diante de uma barganha ou de algo caro.

Em sua estratégia, Munger começa observando por qual valor a companhia está sendo negociada. Isto é, seu valor de mercado, que é dado pelo produto entre o número de ações e o preço de cada uma. Por exemplo, uma empresa que possui um milhão de ações, cuja cotação unitária é de R$ 5,00, terá um valor de mercado de R$ 5 milhões.

Em seguida, Charlie busca saber quanto a empresa vale do ponto de vista do longo prazo, fazendo seu *Valuation*. Se ela vale muito mais do que o seu valor de mercado, é um sinal potencial de compra. Por outro lado, caso ela valha menos do que o seu valor de mercado, mas tenha uma vantagem competitiva duradoura, Charlie aguarda pacientemente até que a empresa esteja precificada de maneira mais favorável.

## Por que focar em vantagens competitivas?

Encontrar uma empresa com vantagens competitivas duradouras significa determinar se ela é capaz de manter sua posição no mercado, mantendo seus retornos em segurança durante um longo período.

Assim, se o investidor pretende investir em uma empresa visando ao longo prazo, não é desejável que o produto que ela vende fique ultrapassado no curto prazo.

Para exemplificar isso, podemos observar a Berkshire Hathaway. Vários dos investimentos que Buffett e Munger fizeram por meio dessa empresa correspondem a companhias que vendem o mesmo produto ou serviço por mais de cinquenta anos.

Coca-Cola, Wells Fargo, American Express, Swiss Re, Anheuser Busch. Todos estes negócios são ou já foram investimentos da dupla e vendem o mesmo produto ou serviço há mais de cem anos.

Quando o assunto é bons negócios, o tempo está quase sempre a favor do investidor. É necessário, portanto, paciência e mentalidade de dono para caminhar em direção ao sucesso.

## VIII – CRISES E OPORTUNIDADES

*"A razão pelo qual isso costuma ser feito é o fato de que algumas pessoas desejam ensinar o que é risco. Mas a verdade é que elas não sabem como medir isso nas empresas. [...] E para nós, risco está relacionado a diversas possibilidades. Um é o risco de perda permanente de capital. E o outro risco é apenas um retorno inadequado sobre o capital que colocamos em um negócio. Não está relacionado à volatilidade, no final das contas."*

# BUFFETT SOBRE DINHEIRO EM CAIXA

*Suno Call 489 – 27/01/2020*

A crise de 2008 está começando a parecer uma memória distante. Desde então, o mundo financeiro sofreu mudanças significativas.

Várias regulamentações foram introduzidas a partir dessa crise e, além disso, políticas monetárias estão sendo cada vez mais aplicadas para tentar evitar que as coisas saiam do controle, reduzindo as chances de que as mesmas "catástrofes" se repitam.

De fato, é improvável que os motivos das futuras crises sejam os mesmos observados nas crises passadas. No entanto, o comportamento cíclico dos mercados praticamente instaura um consenso de que acontecerão novas crises no futuro, por mais diversas que sejam as causas de cada uma delas.

Como é impossível saber quando as próximas crises virão, é essencial que os investidores não se esqueçam da gestão de risco, estando sempre preparados para elas.

Uma das maneiras pelas quais Buffett faz a gestão de risco da Berkshire Hathaway é mantendo uma quantia de, no mínimo, US$ 20 bilhões em caixa no balanço da companhia. O Oráculo de Omaha mantém essa quantia como um "colchão de segurança" e, além disso, faz reservas de oportunidade quando o mercado está em alta, para aproveitar os momentos de baixa.

Em 2008, o caixa que Buffett mantinha não apenas protegeu a Berkshire do caos do mercado como também deu à *holding* a chance de aproveitar as oportunidades do mercado. Ele explicou em uma palestra aos estudantes de MBA da Universidade de Maryland, em 2013:

> *"A Berkshire sempre tem US$ 20 bilhões ou mais em dinhei-*

ro. Pode parecer loucura, nunca precisamos de nenhuma quantia dessa magnitude, mas, algum dia, nos próximos 100 anos, quando o mundo parar de novo, nós estaremos preparados. Haverá algum incidente e pode ser amanhã. Neste momento, precisaremos de dinheiro. Nessa situação, dinheiro é como oxigênio: quando você não precisa dele, você nem o nota. Mas, quando você precisa dele, ele será a única coisa de que você irá precisar. Nós operamos em um nível de liquidez em que ninguém opera."

O megainvestidor ainda complementa sua fala:

"Algo deste tipo irá acontecer algumas vezes em sua vida. Lembre-se, quando acontecer: não deixe isso te arruinar e, se você tiver dinheiro e coragem, você terá várias oportunidades de comprar coisas a preços tão baixos que nem fazem sentido. O medo se espalha rápido, é contagioso. [...] Existem períodos em que o medo paralisa o mundo dos investimentos. Nestes momentos, você não vai querer estar devendo dinheiro e, se você tiver dinheiro, então você provavelmente desejará comprar ativos baratos em tais ocasiões. Seja ganancioso quando outros estão com medo e tenha medo quando os outros estão gananciosos."

Estes conselhos de Buffett são atemporais. Ou seja, são relevantes em qualquer momento dos ciclos do mercado. Ter uma reserva de emergência é essencial para proteger o investidor. Complementando-a com uma reserva de oportunidade, além de estar protegido, ele terá a liberdade de aproveitar as oportunidades.

No curto prazo, pode ser um pouco doloroso segurar uma fatia do seu patrimônio em reservas. No entanto, no longo prazo, essa atitude é recompensada.

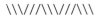

# DESTAQUES DA ENTREVISTA DE WARREN BUFFETT À CNBC

*Suno Call 512 – 02/03/2020*

Quero tratar dos pontos que achei mais interessantes na entrevista que Buffett deu à CNBC no dia 24 de fevereiro de 2020 – dois dias após publicar sua carta aos acionistas da Berkshire. Buffett concedeu horas de explicações sobre vários tópicos distintos. Escolhi alguns para serem citados:

## Coronavírus

À medida em que o Coronavírus se espalha, ele afeta os mercados. Buffett diz que um percentual significativo dos negócios será afetado de alguma maneira. No entanto, ele ressalta que os negócios são afetados por uma série de outros fatores também. A grande questão, portanto, é onde estes negócios estarão daqui cinco a dez anos. *"Eles terão altos e baixos"*, diz.

Buffett relembra (como de costume) que sua estratégia é a de comprar negócios para tê-los por um horizonte muito longo de tempo. Assim, ele afirma sua crença de que as perspectivas de longuíssimo prazo não são alteradas pelo Coronavírus.

Além disso, o bilionário também alerta para algo que costumo pregar bastante: não comprar ou vender com base em manchetes. Segundo ele, não podemos querer prever o mercado só porque estamos lendo notícias. Este apontamento surge diante do assunto do pânico relacionado à nova doença, causadora de volatilidade nos mercados.

> *"Você não compra ou vende seus negócios baseando-se em manchetes diárias. Se isso te dá a chance de comprar algo de que você gosta a um bom preço, você está com boa sorte."*

## A importância de opiniões contrárias

> "Acho que Darwin disse que, se encontramos evidências que são contrárias ao que acreditamos, devemos escrevê-las em 30 minutos, ou nossa mente bloqueará a ideia. As pessoas têm uma grande resistência a novas evidências."

Neste sentido, acredito fortemente que receber opiniões contrárias é um excelente meio de mitigar vícios e pontos cegos em nossas teses de investimentos. É um processo que todo investidor deveria implementar em suas análises, buscando testar a força de sua tese.

## O excesso de liquidez inerente ao mercado de ações

> "O fato de poder tomar decisões a cada segundo com as ações, diferentemente do que pode ser feito com fazendas, faz as pessoas pensarem que um investimento em ações é diferente de um investimento em um negócio, ou em uma fazenda, ou em um apartamento."

Essa característica do mercado de ações, de proporcionar facilidade ao negociar participações em empresas, coloca muitos investidores em posição de desvantagem, Buffett sugere.

## Opinião sobre a vantagem competitiva gerada pelas marcas

> "As marcas sempre estarão brigando com as varejistas. Há variação por país e por categoria de produto. Eu diria que as varejistas ganharam maior poder de barganha diante das marcas. Mas as marcas ainda são muito importantes."

Buffett acredita que as marcas permanecem como uma importante fonte de vantagens competitivas, embora as donas dessas marcas estejam cada vez mais sofrendo pressão de *private labels*.

O Oráculo de Omaha entende que, nos casos em que a marca tem uma força extrema, como a Coca-Cola, o nome é de grande importância para os negócios, pois remete ao produto já conhecido, com a qualidade já conhecida.

\\\///\\\///\\\

## WARREN BUFFETT SOBRE RISCO
*Suno Call 521 – 13/03/2020*

Dado o cenário que se instaurou no mercado no início de 2020 (pandemia do Coronavírus), acredito ser bastante importante lembrar a todos os investidores a respeito da associação errônea que muitos costumam fazer entre volatilidade e risco. Ou seja, uma ação que oscila mais do que outra não necessariamente representará um investimento mais arriscado.

De acordo com Warren Buffett, existem dois riscos primários que os investidores devem buscar evitar a todo custo:

- Risco da perda permanente de capital;
- Risco de retornos inadequados sobre o capital.

O megainvestidor citou ambos na reunião anual dos acionistas da Berkshire Hathaway de 2001, e afirmou que utilizar a volatilidade como medida do risco é tolice.

> *"A razão pelo qual isso costuma ser feito é o fato de que algumas pessoas desejam ensinar o que é risco. Mas a verdade é que elas não sabem como medir isso nas empresas. [...] E para nós, risco está relacionado a diversas possibilidades. Um é o risco de perda permanente de capital. E o outro risco é apenas um retorno inadequado sobre o capital que colocamos em um negócio. Não está relacionado à volatilidade, no final das contas."*

Buffett ainda vai adiante, explicando que o risco também varia de negócio para negócio. Algumas companhias, por exemplo, apenas não geram lucros em todos os trimestres, mas isso não necessariamente as torna mais arriscadas.

Neste sentido, ele dá o exemplo de uma subsidiária da Berkshire, a See's Candies. O Oráculo de Omaha afirma que a empresa perde dinheiro em dois trimestres do ano, enquanto nos outros dois ela compensa essas perdas auferindo bons retornos. Trata-se de uma empresa altamente impactada pela sazonalidade. Isto é, em épocas como a Páscoa, por exemplo, a empresa deve garantir grande parte de seu faturamento anual. Assim, Buffett destaca que a See's Candies apresenta grande volatilidade em seus lucros, mas é um dos negócios menos arriscados que ele conhece.

Portanto, podemos encontrar negócios excelentes que possuem grande volatilidade – o que não os transforma em negócios ruins. Também podemos encontrar alguns negócios terríveis, sem volatilidade. Então, não faz sentido traduzir volatilidade como risco.

No cenário em situações como a da pandemia, essa relação entre volatilidade e risco é algo em que os investidores devem prestar bastante atenção. Reforço: só porque o preço de uma ação está volátil, não necessariamente significa que seja um negócio mais arriscado que outras empresas que também estão no mercado.

É importante ressaltar que companhias podem mascarar seus lucros e taxas de crescimento com manobras contábeis, para seduzir alguns analistas e investidores mais desatentos. Isso faz com que elas reduzam as chances de que haja volatilidade em suas ações – essa implicação se dá pelo fato de que muitos participantes do mercado se sentem impactados pelos lucros de cada trimestre, tomando decisões baseadas no curto prazo.

Como vários tópicos no âmbito dos investimentos, risco é mais um dos que não possuem uma regra geral para serem avaliados.

Por fim, o melhor jeito de aumentar suas chances de entendimento dos riscos de um investimento é se manter dentro do seu círculo de competência, investindo em segmentos que você conhece.

\\\//\\\//\\\

## "SEJA GANANCIOSO QUANDO OS DEMAIS ESTÃO COM MEDO"

*Suno Call 522 – 16/03/2020*

Diante do cenário de crise em que fomos inseridos com a pandemia, estas palavras de Buffett se tornaram quase um mantra entre os investidores:

> *"Seja ganancioso quando os demais estão com medo e tenha medo quando os demais estão gananciosos."*

Em sua carta de 1986 aos acionistas da Berkshire Hathaway, Buffett comentou que estava com dificuldade de encontrar ativos que se encaixassem em seus requisitos de investimentos (números saudáveis, boa gestão e bem abaixo do valor intrínseco). Foi então que o Oráculo de Omaha proferiu tal frase, que veio a ser uma de suas mais famosas.

No contexto, Warren afirmou que "epidemias de medo e ganância" sempre ocorrerão na comunidade de investimentos, embora o *timing* seja imprevisível. Além disso, também são imprevisíveis as aberrações do mercado produzidas por tais sentimentos, bem como a sua duração e a intensidade.

### Levando vantagem com a volatilidade

No momento em que escrevi este texto, estava quase certo de que Buffett iria alocar uma parte considerável do caixa da Berkshire nessas quedas.

Um dos meus palpites era que Buffett destinaria uma parcela dos recursos à recompra de ações da Berkshire. Em 2019, a companhia gastou US$ 5 bilhões em recompras, pagando um preço em torno de US$ 200 por cada ação. Após as quedas acentuadas das Bolsas ao redor do mundo, em março de 2020, as ações negociavam a US$ 176.*

Ser ganancioso quando os outros estão com medo é um excelente conselho para a condição do mercado em momentos de crise. No entanto, devemos ficar atentos. Comprar uma ação apenas porque ela parece mais barata agora do que no começo do ano não é uma estratégia sólida.

Em situações atípicas, devemos comprar as companhias que possuem os melhores prospectos, com preços interessantes.

**Os sentimentos no mercado**

Medo e ganância sempre darão a direção do mercado. Estes sentimentos são capazes de motivar as decisões de grandes parcelas de investidores, sobretudo nos momentos em que poucos têm clareza mental.

Como investidores individuais, o melhor que podemos fazer é esperar as ações do mercado se desdobrarem, sem tomar decisões irracionais.

Finalmente, quando uma determinada empresa estiver precifi-

---

* Nota do editor: Buffet foi cauteloso no início da crise causada pela pandemia do coronavírus em março de 2020. Ele só foi às compras com intensidade a partir do terceiro trimestre daquele ano, quando a Berkshire investiu na aquisição de ativos de uma empresa de energia, com aportes bilionários no Bank of America e em cinco companhias japonesas, além dos milhões alocados em empresas de tecnologia e comunicação. Conforme previsto pelo autor, a Berkshire também fez recompras de suas ações, num patamar recorde de US$ 9,3 bilhões.

Fontes: https://www.seudinheiro.com/2020/empresas/warren-buffett-investimentos-des-de-julho/ e https://invest.exame.com/me/berkshire-de-warren-buffett-alerta-que-efeitos-da-pandemia-nao-acabaram (*Links* visitados em 25/05/2021).

cada num patamar atrativo, com base em seu valor intrínseco, pode ser a hora de comprá-la.

É impossível acertar o *timing* de nossos investimentos. Portanto, não há motivos para sequer tentar fazer isso. Ademais, comprar boas ações quando estão com grande margem de segurança em relação ao valor intrínseco é, quase sempre, uma boa estratégia.

Em resumo, no ambiente de incertezas, é preciso manter a calma para não tomar decisões tolas. Ao mesmo tempo, existirão grandes oportunidades. No longo prazo, o mercado irá se recuperar e entregará bons retornos para quem investiu em momentos de baixa do ciclo, como aconteceu várias vezes no passado.

\\\//\\\//\\\

## REGRAS DE WARREN BUFFETT PARA INVESTIR EM AÇÕES NUMA CRISE

*Suno Call 533 – 31/03/2020*

As cartas de Warren Buffett aos acionistas da Berkshire Hathaway escritas em meio à crise de 2008 fornecem *insights* interessantes para os investidores sobre os tempos de crise. Como não sabemos o que o futuro nos reserva, temos convicção de que algumas oportunidades começam a emergir no mercado.

Já disse anteriormente que tentar acertar o *timing* do mercado geralmente é uma perda de tempo e energia. Ao invés disso, devemos aproveitar as oportunidades quando elas aparecem, seguindo com essa estratégia em foco. Não é por acaso que alguns investidores respeitados, como Seth Klarman, Joel Greenblatt e Howard Marks, também são a favor dessa abordagem.

Dito isso, neste momento em que escrevo ainda não sabemos dizer como o mundo será quando a crise atual acabar. Portanto, os investidores devem ter cautela ao escolher as ações nas quais investirão para o longo prazo. Algumas companhias podem não sobreviver pelo tempo necessário para colher os benefícios da recuperação do mercado. Outras também podem ficar para trás diante das mudanças no cenário econômico.

Em 2008, Buffett enfrentou problemas muito similares aos que vivemos, durante a pandemia, nos investimentos. Em sua carta de 2009, ele evidenciou quatro exemplos de como estava aplicando a abordagem de Charlie Munger – seu braço direito – sobre o que não deve ser feito em seus processos de investimentos.

A seguir, citarei dois destes quatro exemplos, que forneceram os *insights* mais valiosos em minha opinião.

> *"Charlie e eu evitamos negócios cujo futuro não podemos avaliar, não importa o quão interessantes seus produtos sejam. No passado, não foi necessária nenhuma genialidade para que as pessoas previssem o crescimento fabuloso que aconteceria em algumas indústrias como a de carros (em 1910), a de aviões (em 1930) e a de televisores (em 1950). Mas o futuro também incluiu a dinâmica da competitividade, que dizimou quase todas as companhias que adentravam nessas indústrias."*

> *"Nós nunca seremos 'dependentes da gentileza de estranhos'. Nós sempre organizaremos nossos negócios de maneira que as nossas demandas por dinheiro serão supridas pela nossa própria liquidez. Tal liquidez será constantemente reabastecida por um fluxo de dinheiro oriundo dos nossos variados negócios."*

Assim, Munger e Buffett buscam tomar suas decisões baseando-se na observação dos fatos, evitando visões enviesadas e atitudes que podem colocar em risco seus negócios. Sempre buscam investir em oportunidades claras, ao mesmo tempo em que mantêm uma reserva de liquidez para aproveitá-las e, também, para que não sejam comprometidos com a falta de caixa em tempos difíceis.

Enquanto o cenário de incerteza prevalece, é preciso lembrar de um ponto que está correlacionado ao primeiro exemplo: devemos investir em negócios que conhecemos e entendemos. Aproveito para reforçar novamente a necessidade de buscarmos empresas com margens altas e um balanço forte.

Para finalizar, cito a frase de Munger que Buffett utilizou para introduzir os quatro exemplos:

> *"Tudo o que eu quero saber é onde irei morrer, então nunca irei lá."*

Isto é, inverter a situação é uma boa maneira de resolver problemas difíceis. Então, saber o que não devemos fazer também é uma boa estratégia.

## IX – CONSELHOS

*O excesso de confiança é um dos traços com maior potencial de causar danos a um investidor. Munger é um grande defensor dessa afirmação. Ele e Buffett comentam regularmente a respeito da importância de se desenvolver um círculo de competência.*

*Ressalto que descobrir seu círculo de competência não é a única tarefa a ser realizada. Você também deve se empenhar em ser fiel a ele.*

# OITO ARMADILHAS QUE O INVESTIDOR DEVE EVITAR – I
*Suno Call 264 – 27/02/2019*

Um aspecto sobre o investimento em ações que o investidor de valor deve entender é que este é, praticamente, um jogo de soma zero. Ou seja, se você está comprando ações, esperando obter bons retornos e participar do crescimento da companhia, significa que há alguma pessoa que está vendendo, por conta de inúmeras possíveis motivações. Muitas vezes, o vendedor está desconfiado da qualidade daquela empresa e da solidez do *case*, e por isso prefere liquidar sua posição.

Então, em se tratando de um jogo de soma zero, um dos dois envolvidos está cometendo um erro: alguém vai ganhar com essa transação e alguém sairá perdendo. Logo, muitas vezes a oportunidade de investimento para o investidor surge do engano cometido pelo outro.

É muito difícil existir um investidor que nunca tenha se arrependido por ter vendido um papel de uma empresa que ele via com perspectivas ruins ou com um viés negativo, e que depois acabou subindo muito.

Do outro lado, quando o investidor adquire um papel de uma ótima empresa que estava muito barata e se valorizou e pagou muitos dividendos, ele tende a agradecer por este vendedor ter lhe proporcionado tal oportunidade.

Fato é que quem entender os possíveis equívocos causados por fenômenos da economia comportamental e se atentar a eles terá uma vantagem competitiva considerável em relação aos demais investidores, e tais vantagens serão cruciais para seu sucesso no longo prazo.

É justamente isso que grandes investidores de valor passam

parte do tempo estudando e buscando evitar: erros cometidos por aspectos emocionais e psicológicos.

No livro *Charlie Munger: The Complete Investor*, o autor Tren Griffin evidencia a análise e explicação do grande investidor de valor Charlie Munger, sócio da Berkshire Hathaway, sobre as principais tendências psicológicas a que é importante estar atento, e nós vamos explicar algumas delas:

**Afeto**

Essa armadilha psicológica ocorre quando um investidor "se apaixona" por uma empresa e toma decisões de investimento baseado nisso.

Alocar grande parte de seu capital em ações de uma única empresa de que gosta muito é arriscado e imprudente para o investidor que busca o longo prazo, o que é minimizado através da diversificação da carteira.

O pior ocorre quando o investidor cria um grande afeto com esta empresa, negando-se a reavaliar as premissas e muitas vezes não aceitando a deterioração de seus números.

**Inveja**

Esse erro está associado ao fato de que muitas pessoas, ao verem outras ganhando dinheiro de forma mais rápida, querem fazer o mesmo e acabam se expondo a investimentos de maior risco.

Para Munger, não há nada de bom que resulte da inveja e é necessário que o investidor lute para evitar esse sentimento, de forma a não aumentar o risco de sua carteira.

Concentre-se na sua carteira, nos seus investimentos e foque em você mesmo. Caso exista alguém que tenha de ser batido e superado, este alguém é você, e esta superação vem através da disciplina de aportes e dos reinvestimentos de dividendos.

**Negação**

As pessoas detestam ouvir notícias ruins ou que sejam contraditórias com as suas expectativas e, por esse motivo, é muito comum a tendência de negar a realidade quando isso ocorre.

Selecionamos duas frases de Charlie Munger citadas no livro de Tren Griffin que retratam bem essa tendência à negação:

> *"Deve-se reconhecer a realidade mesmo quando não se gosta dela."*

> *"Dificuldade em lidar com a negação psicológica é uma causa comum para as pessoas irem à falência."*

\\\///\\\///\\\

## OITO ARMADILHAS QUE O INVESTIDOR DEVE EVITAR – II
*Suno Call 265 – 28/02/2019*

Conhecer armadilhas e vícios de comportamento é fundamental para conseguir driblá-los e assim aumentar suas chances de ter sucesso no mercado, seguindo o comportamento dos grandes investidores, que dificilmente caem nestas armadilhas.

Seguimos com mais pontos abordados no livro *Charlie Munger: The Complete Investor*, de Tren Griffin:

**Excesso de autoestima**

A tendência a superestimar a própria capacidade é algo muito frequente que, no entanto, pode ser muito perigosa para o investidor. É necessário, para o investidor, que ele se mantenha sempre dentro dos limites de sua competência, a fim de não cometer equívocos em investimentos.

No livro *Value Investing from Graham to Buffett and Beyond*, os autores afirmam que o investidor de valor bem-sucedido se mantém dentro de seu círculo de competência e citam Warren Buffett, que sempre diz procurar negócios que ele consiga entender.

O excesso de confiança é frequente no mercado de ações. Um estudo, realizado em 2012 e citado na obra de Tren Griffin, mostra que 91% dos investidores ativos de um fundo acreditavam que iriam obter desempenho superior ou no mínimo igual ao do mercado no ano seguinte, o que matematicamente é impossível.

## Otimismo e pessimismo

O mercado de ações é cíclico, portanto existem momentos de otimismo (euforia) e de pessimismo (crise). Nos momentos de otimismo, as pessoas compram muitas ações de forma agressiva e se expõem a riscos elevados. Já nos momentos de pessimismo, as pessoas evitam riscos e deixam de comprar ações.

O investidor de valor deve se posicionar contrariamente a essas ondas e se manter racional, de maneira a aproveitar as oportunidades quando o mercado está em baixa e evitar bolhas em momentos de euforia.

## Privação

O erro da privação, ou da aversão à perda, é frequente e faz com que muitos investidores tomem decisões equivocadas de investimento.

A aversão à perda é o motivo que leva investidores muitas vezes a tomar a decisão de vender algumas ações assim que elas valorizam um pouco (cedo demais) e segurar outras ações por muito tempo, na expectativa de que estas valorizem de alguma forma.

**Seguir tendências**

O erro de seguir tendências, ou "seguir o rebanho", se assemelha muito ao do otimismo e pessimismo do mercado. As pessoas tendem a copiar os movimentos das outras, devido à falta de informação e conhecimento sobre algum assunto, e isso ocorre também no mercado de capitais.

Adotar uma postura de investimento independente é essencial para investidores como Charlie Munger, Seth Klarman (que certa vez disse que *"um investidor de valor é fruto do casamento de uma pessoa* contrarian *com uma calculadora"*) e Luiz Barsi, que tem como regra básica nunca comprar uma dica. Faça suas análises. Ou contrate um profissional de mercado.

**Memória curta**

As pessoas têm a tendência de tomar decisões baseadas em eventos frequentes e isso pode ser muito prejudicial para investidores.

Quando as ações caem drasticamente devido a uma crise, os investidores tendem a ter medo de comprar novas ações, apesar de provavelmente ser o momento ideal para a compra. De modo similar, as pessoas estão mais propensas a fazer compras logo depois que as ações sobem de forma rápida.

**Conclusão**

Sabendo que os aspectos psicológicos são grandes causadores de erros na hora de tomar decisões não só no âmbito dos investimentos, como também na vida, estar atento a eles e evitar qualquer equívoco de natureza emocional é muito importante.

O investidor de valor é aquele capaz de ter a paciência e disciplina necessárias para manter sua filosofia de investimento e não seguir as principais tendências e recair nos erros já citados.

\\//\\\//\\\

## TRÊS CONSELHOS DE WARREN BUFFETT PARA A VIDA

*Suno Call 386 – 27/08/2019*

Buffett tem muito a ensinar além dos investimentos. O Oráculo de Omaha sabe muito sobre a construção de uma carreira de sucesso. O lendário investidor já foi entregador de jornais, já foi rejeitado em Harvard e já abriu sua própria companhia. Por isso, trago alguns de seus conselhos que, sem dúvida, o auxiliaram na sua caminhada de sucesso:

### Cultive suas habilidades de comunicação

Quando era jovem, Buffett tinha pavor de falar em público. Em situações desse tipo, chegava a passar mal, fisicamente. Na biografia do investidor, *The Snowball: Warren Buffett and the Business of Life*, a autora Alice Schroeder cita uma fala do bilionário:

> "Você não imagina como eu ficava antes de um discurso, eu acabava até passando mal."

Inclusive, Buffett diz que houve um momento no qual ele chegou a se organizar de modo a nunca precisar se comunicar em público. No entanto, ele sabia que eventualmente precisaria falar diante de muitas pessoas. Além disso, sabia que, para conquistar sua amada, Susan Thompson, precisaria saber conversar com facilidade.

Aos 19 anos, inscreveu-se num curso para falar em público, ministrado em Dale Carnegie, um instituto que carrega o nome do grande autor de *Como Fazer Amigos e Influenciar Pessoas*.

De acordo com Joe Hart, presidente e CEO do Dale Carnegie, Buffett aprendeu várias lições cruciais do curso. Uma delas foi a de nunca ler um discurso ou roteiro de apresentação. Ao invés disso, deve-se criar uma lista geral com os pontos que se deseja mencionar. Deste modo, o assunto da apresentação fica mais fácil de ser guardado, além de soar mais natural.

### Cultive o hábito de ler

Warren Buffett afirma que suas excelentes decisões ao longo de sua carreira se originaram graças ao seu hábito de leitura. O Oráculo de Omaha começa seu dia já debruçado em vários jornais. Ele estima gastar 80% de seu dia em meio a leituras.

Quando perguntado sobre sua chave para o sucesso, Buffett costuma mencionar esse hábito. O investidor diz que é assim que o conhecimento funciona. Ele é construído da mesma maneira com que os juros compostos constroem seu patrimônio.

Além disso, há estudos sugerindo que pessoas que praticam atividades mentalmente estimulantes, como a leitura, apresentam um declínio de memória mais lento do que os que não possuem esse hábito. A leitura também está conectada com a inteligência emocional e um vocabulário mais amplo, além de ajudar a reduzir o estresse.

### Escolha sabiamente seus amigos

Warren Buffett é amigo de pessoas como Bill Gates. O CEO da Berkshire Hathaway diz que o grupo certo de amigos pode te empurrar na direção certa para atingir grandes metas profissionais.

*"Você se moverá na direção das pessoas com as quais você se associa"*, disse o investidor – ao lado de Gates – para um grupo de estudantes na Universidade de Columbia.

Um bom amigo será capaz de inspirá-lo para atingir metas de sua carreira. Além disso, são a fonte de contatos valiosos, de aprendizados valiosos, de recursos valiosos e de conselhos valiosos.

*"É importante se associar a pessoas melhores que você"*.
Warren Buffett

\\\//\\\//\\\

## POR QUE NÃO COMPENSA COMPLICAR OS INVESTIMENTOS?

*Suno Call 412 – 02/10/2019*

Charlie Munger é um dos investidores mais sábios, na minha opinião. Ele é conhecido por ser sócio de longa data de Warren Buffett na Berkshire Hathaway, empresa na qual é vice-*chairman*. Para os que já o viram discursando, é clara a sua intelectualidade, bem como sua forte personalidade.

Dentre as várias frases interessantes de Charlie Munger, darei destaque a uma em particular: *"Temos uma paixão por manter as coisas de maneira simples"*.

Ao lado de Buffett, durante todo o tempo de Berkshire, Munger proferiu este e muitos outros conselhos valiosos aos investidores.

### Mantenha a simplicidade

A dupla de bilionários sempre transmitiu conhecimentos excepcionais às pessoas. Acredito que os melhores conselhos deles são justamente as ideias que remetem às visões simplificadas de vários âmbitos, sobretudo a respeito dos investimentos.

Eles acreditam fortemente que os investidores não precisam complicar demais o raciocínio, introduzindo coisas como planilhas e cálculos complexos para a análise dos investimentos.

Munger e Buffett têm uma vida inteira de experiências e, portanto, sabem como as coisas são incertas. Este é um dos motivos pelos quais gostam de mantê-las simplificadas. Eles não usam planilhas, pois sabem que tentar prever com precisão os números de uma empresa, para um horizonte de vários anos, é impossível.

Deste modo, a ideia central é dividir um problema complicado em problemas mais simples. É necessário dividi-lo em suas componentes, mas ainda ser capaz de olhá-lo como um todo.

A grande lição por trás disso é explicitada por Munger e Buffett: *"Simplicidade é uma maneira de melhorar o desempenho, permitindo entender melhor o que estamos fazendo".*

Ao focar em encontrar decisões e apostas que são mais fáceis, Munger acredita que o investidor pode tomar decisões melhores, uma vez que passa a ter pleno entendimento do que se passa.

**Simplicidade é saber filtrar**

O filósofo americano William James é autor da seguinte frase: *"A arte de ser sábio é a arte de saber o que ignorar".*

Neste sentido, parte do processo de filtragem consiste em entender o que o investidor sabe e o que ele não sabe. Desta forma, é possível conhecer o próprio círculo de competência.

Na função de investidores, os indivíduos tendem a pensar que ganharão vantagem sobre o mercado ao empregar análises complicadas. Em algumas ocasiões, acredito que isso possa ser verdade. Contudo, na maioria das vezes, aumentar a complexidade só aumenta o número de coisas que podem dar errado.

Assim, é com frequência que tentamos coletar o máximo possível de informação, incluindo algumas que não serão utilizadas.

Também é um hábito comum do ser humano focar em detalhes irrelevantes ou desconhecidos, ao mesmo tempo em que as verdades óbvias são ignoradas.

Neste sentido, destaco que mais informação não é equivalente a mais conhecimento ou melhores decisões. Isso é verdade, principalmente nos tempos atuais, em que temos acesso não somente a mais informação, como a mais "desinformação".

É preciso direcionar o foco para as informações essenciais. O que queremos alcançar pode ser feito em poucas etapas, quando simplificado. Ao longo do processo, existem poucas decisões que terão real importância.

\\\//\\\//\\\

## OS PRINCÍPIOS DE INVESTIMENTOS DE CHARLIE MUNGER – I

*Suno Call 423 – 17/10/2019*

Charlie Munger, um dos investidores em valor mais respeitados do planeta, certa vez disse: *"nenhum piloto sábio falha em utilizar seu checklist, não importa quão grandioso seja seu talento e sua experiência"*.

Com isso, Munger quis dizer que, na aviação – assim como em vários outros âmbitos –, é uma tolice ser presunçoso, não importa o quão bom você seja.

Assim, é imprescindível a utilização de *checklists* que abordem os passos cruciais de uma tarefa que deve ser executada com perfeição. Trata-se de um método que pode salvar o indivíduo de equívocos.

Embora Munger não esteja tanto nos holofotes quanto Buffett, ele possui tanto crédito quanto seu parceiro de negócios no sucesso da Berkshire Hathaway. O lendário investidor é considerado por muitos como um dos mais sábios a respeito da psicologia e dos comportamentos no campo dos investimentos.

No livro *Poor Charlie's Almanack*, a abordagem de Charlie é caracterizada como um esforço para compreender os fatores mais relevantes no que tange aos ambientes internos e externos a um investimento. Além disso, o livro traz um *checklist* de 10 tópicos a respeito dos princípios de investimentos de Charlie Munger. Trata-se de uma lista capaz de resumir sua metodologia. Aqui, quero compartilhar alguns pontos listados pelo lendário investidor.

### 1 – Risco: todas as avaliações de investimentos devem começar pela medida do risco, especialmente a respeito da reputação.

A abordagem de Munger com relação ao risco é tanto quantitativa quanto qualitativa. Na parte quantitativa, ela incorpora a margem de segurança. Por outro lado, na parte qualitativa, Munger evita lidar com pessoas de caráter questionável.

O investidor ressalta também que é sempre necessário avaliar a relação entre risco e retorno, ao mesmo tempo em que se deve estar atento à inflação e às taxas de juros.

O objetivo geral desta parte do risco é evitar grandes erros, de modo que se busque evitar a perda permanente de capital.

### 2 – Independência

Munger diz que, para evitar uma performance na média, você deve estar preparado para ir no sentido contrário ao da manada.

Portanto, imitar as atitudes alheias sem consciência do que se está fazendo é um convite para a regressão à média.

Neste sentido, é importante ressaltar que, apenas pelo fato de pessoas concordarem ou discordarem de você, isso não indica que está certo nem errado.

O ponto chave deste tópico é ser tão objetivo e racional quanto possível, com precisão em suas análises.

**3 – Preparação:** *"o único jeito de vencer é trabalhando, trabalhando, trabalhando, e aguardando para que se tenha alguns* insights".

A seguinte fala é atribuída ao investidor: *"em toda minha vida, não conheci uma pessoa sábia (em um determinado e amplo assunto) que não lesse o tempo todo – nenhuma, zero"*. Com isso, Munger destaca a importância de se cultivar curiosidade e perseguir a sabedoria, buscando ser cada dia um pouco mais sábio.

Neste ponto, digo que os juros compostos funcionam tanto para os investimentos financeiros quanto para os "investimentos em sabedoria". Trata-se de um ponto importantíssimo para vários âmbitos da vida.

Por fim, Munger diz que, para buscar sabedoria, o indivíduo deve ir atrás de todos os "porquês".

\\\//\\\//\\\

# OS PRINCÍPIOS DE INVESTIMENTOS
# DE CHARLIE MUNGER – II

*Suno Call 424 – 18/10/2019*

Trago o restante dos dez princípios de investimento de Charlie Munger, em continuidade ao texto anterior.

## 4 – Humildade intelectual

Reconhecer o que você não sabe é o princípio da sabedoria.

O excesso de confiança é um dos traços com maior potencial de causar danos a um investidor. Munger é um grande defensor dessa afirmação. Ele e Buffett comentam regularmente a respeito da importância de se desenvolver um círculo de competência.

Ressalto que descobrir seu círculo de competência não é a única tarefa a ser realizada. Você também deve se empenhar em ser fiel a ele.

Outra atitude bastante importante, no que tange à humildade intelectual, é buscar visões que se opõem às nossas. Quando fazemos isso, estamos procurando evidências que invalidem nossas hipóteses. Assim, o investidor tentará entender se não está "cego pela paixão" de um investimento.

## 5 – Rigor analítico

Uso do método científico e de *checklists* minimiza erros e omissões.

O quinto princípio de Munger diz respeito à disciplina, representada pelo uso de *checklists* e processos sistemáticos. O lendário investidor ainda destaca que é preciso ser analista dos negócios, não analista do mercado ou da macroeconomia.

Além disso, deve-se considerar a totalidade do risco e os seus efeitos. É preciso, portanto, olhar para potenciais impactos de segunda ordem, isto é, impactos derivados de outros mais imediatos.

## 6 – Alocação de capital

Alocar o capital adequadamente é o trabalho número um do investidor.

Sobre este tópico, Munger defende que as boas ideias são um recurso muito limitado e escasso, porém recompensam o investidor de maneira gratificante quando aparecem.

Neste sentido, é muito importante também estar alerta ao custo de oportunidade.

### 7 – Paciência

Resista ao instinto humano de agir.

*"Os juros compostos são a oitava maravilha do mundo"*. Munger cita essa frase atribuída ao cientista Albert Einstein e adverte que o poder dos juros compostos não deve – nunca – ser interrompido desnecessariamente.

Uma atitude nunca deve ser tomada sem uma fundamentação adequada. É preciso ser paciente diante de um investimento de longo prazo.

### 8 – Determinação

Quando as circunstâncias adequadas se apresentarem, aja com determinação e convicção.

Este tópico se conecta com a conhecida fala de Buffett: *"Tenha medo quando os outros estão gananciosos e seja ganancioso quando os outros estão com medo"*.

Com isso, Munger levanta o ponto de que o investidor deve agir com convicção quando as oportunidades se apresentam, mesmo que isso signifique agir para o lado contrário ao da manada.

As oportunidades não vêm com frequência, portanto aproveite quando isso acontecer.

## 9 – Mudanças

Conviva com mudanças e aceite as complexidades irremovíveis.

O indivíduo deve reconhecer e adaptar-se à verdadeira natureza do mundo ao seu redor. Não é uma opção esperar que o meio se adapte a você.

Neste sentido, cabe lembrar que Munger e Buffett evitaram ações de tecnologia por muitos anos, antes de investirem na Apple em 2016. A principal lição que fica é: devemos saber lidar com as mudanças, mesmo que não sejam agradáveis e mesmo que isso signifique repensar nossas melhores ideias.

## 10 – Foco

Mantenha as coisas simples e lembre-se do que você se propôs a fazer.

Munger termina seu *checklist* com este último tópico, trazendo alguns lembretes:

- Lembre-se de que sua reputação e integridade são seus ativos mais valiosos, e podem ser perdidos num piscar de olhos.

- Cuidado para não tomar decisões ruins sob os efeitos do tédio e da arrogância. Seja paciente.

- Não se esqueça do óbvio ao buscar excesso de informações minuciosas.

- Enfrente seus problemas; não os jogue para baixo do tapete.

Desde que os seres humanos começaram a investir, eles procuram uma fórmula mágica ou receita fácil para riqueza instantânea. É notório que a performance extraordinária de Charlie Munger não vem de nenhuma fórmula, mas, sim, de sua capacidade de se preparar, tendo disciplina, paciência e determinação.

\\\///\\\///\\\

## *INSIGHTS* VALIOSOS DE CHARLIE MUNGER
Suno Call 473 – 03/01/2020

Se Buffett considera que os *insights* de Charlie foram determinantes para que ele alcançasse tamanho sucesso, entendo que também temos muito a aprender com ele. Portanto, trago alguns *insights* de Munger que considero muito valiosos, tanto para os investimentos quanto para a vida.

> "Gaste cada dia tentando ser um pouco mais sábio do que você era quando acordou."

É amplamente sabido que Munger é apaixonado pela leitura. Ele gasta boa parte do seu dia lendo e, a todo tempo, fortalecendo e expandindo seus modelos mentais (modelos que são representações pessoais sobre como alguma coisa funciona – abordagem bastante utilizada por Munger para entender vários assuntos ao seu redor).

Usufruindo dos "juros compostos" por décadas, até mesmo no conhecimento, Munger foi capaz de construir uma sabedoria bastante sólida, que o ajuda ao avaliar investimentos.

O hábito da leitura é capaz de contribuir fortemente para que o indivíduo seja um investidor melhor, aperfeiçoando também outros campos de sua vida.

> "Um dos melhores jeitos de evitar problemas é manter as coisas simples."

Com frequência, os melhores negócios são aqueles fáceis de

entender. No entanto, o ser humano tende a direcionar sua escolha para o lado mais complexo, pois esse caminho parece mais confiável, por ser mais elaborado.

Sistemas complexos contêm partes individuais que são combinadas para formar um coletivo que, frequentemente, não pode ser previsto apenas a partir de seus componentes menores.

Considere os seres humanos, por exemplo. Nós somos seres complexos. Somos feitos de trilhões de células e, ainda assim, somos mais do que um mero aglomerado de células. Por isso, seria impossível prever como é um ser humano apenas olhando para uma de suas unidades básicas – as células.

De modo mais amplo, seja qual for o sistema, a complexidade traz dificuldades em administrá-lo, uma vez que cada uma das partes que o constituem inevitavelmente afeta as outras. Portanto, consequências inesperadas e não previstas podem acontecer.

Assim, no que diz respeito a negócios, sistemas de elevada complexidade, naturalmente, são mais suscetíveis a fraudes, erros e acontecimentos imprevisíveis.

Isto é, aumentar a complexidade, geralmente, apenas aumenta o número de fatores que podem dar errado e, consequentemente, aumenta a probabilidade de que o resultado esteja errado.

> "Saber quais coisas você não sabe é mais útil do que ser brilhante."

Esse *insight* diz respeito ao círculo de competência. Conhecendo o nosso – e nos mantendo dentro de seus limites –, podemos minimizar significativamente o risco em nossos investimentos.

Portanto, se atenha àquilo que você conhece. Desbravar novos mares sem alguma experiência, sem planejamento e sem preparo é arriscado, podendo custar caro.

> "As pessoas calculam muito e pensam pouco."

É claro que a parte financeira dos negócios é importante, mas, sozinha, não conta tudo que precisamos saber.

Por isso, investir seu tempo buscando entender os aspectos qualitativos do negócio (por exemplo: a cultura da companhia, as aspirações dos gestores, as vantagens competitivas) pode lhe conferir uma vantagem em relação aos investidores que focam apenas nos aspectos quantitativos.

> "Force-se a considerar argumentos opostos. Especialmente quando eles desafiam suas ideias favoritas."

Com este *insight*, Munger reforça que não devemos sucumbir ao viés confirmatório, que se dá quando buscamos argumentos que confirmam nossas hipóteses, de modo que ficamos cegos para enxergar o outro lado da moeda.

Em vez disso, busque informações que discordam da sua tese. Se, diante disso, você acabar percebendo que suas expectativas estavam erradas, ajuste seus investimentos sem perder tempo.

\\\//\\\//\\\

## LER PODE TORNÁ-LO UM INVESTIDOR MELHOR

*Suno Call 479 – 13/01/2020*

Warren Buffett tem um traço que é amplamente conhecido: é um ávido leitor. Em certas ocasiões, já foi mencionado que o Oráculo de Omaha lê em torno de 500 páginas ao dia.

Não é à toa que Buffett atribui seu sucesso ao seu apetite insaciável por conhecimento. Ele afirma que a leitura é a chave para o sucesso em vários âmbitos da vida. No fim das contas, bons investimentos exigem a coleta de grande quantidade de informação, que só pode ser adquirida nos relatórios financeiros das empresas.

De acordo com o bilionário, não existe leitura capaz de substituir a leitura dos demonstrativos financeiros e de outros documentos publicados pelas companhias. Portanto, para uma leitura adequada, o investidor precisa de – pelo menos – noções da linguagem da contabilidade.

A princípio, contabilidade pode parecer algo complexo. Mas Buffett aponta que, no passado, se um relatório estivesse escrito de maneira confusa, muito provavelmente os gestores estariam tentando esconder algo importante. Assim, quanto mais o investidor lê, maior será sua prática e melhor ele se torna na leitura das nuances contidas nos relatórios de uma empresa.

Além da leitura dos materiais diretamente relacionados às empresas, Buffett também indica a leitura de livros sobre o investimento em valor propriamente dito. Sendo um discípulo de Benjamin Graham, não é surpresa o fato de o Oráculo recomendar a leitura de *Security Analysis* e *O Investidor Inteligente*. Devo, no entanto, destacar que o primeiro é um livro bastante denso e complexo.

Adicionalmente às obras de Graham, Buffett também indica livros escritos por nomes bastante reconhecidos no âmbito dos investimentos. Dentre as recomendações, estas são bastante interessantes:

- *Poor Charlie's Almanack*, que é um livro com conselhos e informações biográficas sobre seu sócio, Charlie Munger.

- *The Little Book of Common Sense Investing*, de John Bogle, um dos criadores do investimento passivo.

- *The Most Important Thing Illuminated*, de Howard Marks.

Warren também gosta de ler biografias. Por mais que este tipo de leitura não seja relacionado a investimentos, acredito que é possível aprender bastante com as histórias das pessoas.

O gênero de ficção, no entanto, não costuma ser mencionado por Buffett. Entendo que isso seja compreensível, já que provavelmente ele deseja concentrar seu tempo (que é um recurso limitado) nas coisas que são mais relevantes para ele e a Berkshire Hathaway.

De certa forma, acredito que a leitura de obras de ficção também é capaz de melhorar (sutilmente) o processo de investimentos. Isso porque investir é uma arte que exige uma dose de criatividade, permitindo que o investidor junte as peças de um quebra-cabeças para enxergá-lo de uma maneira que os demais ainda não conseguiram fazer. E a ficção tem um grande potencial de auxiliar na expansão da criatividade.

Por fim, ler pode ser uma atividade que demanda uma quantidade de tempo razoável. No entanto, é uma tarefa que proporciona "juros compostos" do conhecimento no longo prazo. Pense nela como um investimento.

\\\//\\\//\\\

## ALÉM DE LER, ESCREVA

*Suno Call 480 – 14/01/2020*

À primeira vista, as duas atividades – investir e escrever – podem parecer um tanto quanto desconexas. De fato, na teoria, o processo de investimentos de um investidor pode acontecer inteiramente em sua mente, sem a necessidade de ser materializado por meio da escrita.

Entretanto, existem alguns motivos que me fazem enxergar a atividade da escrita como sendo essencial para o desenvolvimento de um bom investidor. Em primeiro lugar, a escrita auxilia no desenvolvimento do raciocínio.

Em outra instância, escrever faz o investidor considerar novas perspectivas. Isso porque, durante seu processo de pesquisa acerca do assunto a ser escrito, ele irá se deparar com aspectos que configuram novos pontos de vista.

Nesse sentido, é interessante destacar que nós, seres humanos, somos propensos a tirar algumas conclusões como verdadeiras sem considerar o verdadeiro motivo pelo qual pensamos de tal maneira. Deste modo, escrever o raciocínio ajuda a expor eventuais falhas nele contidas e estimula o indivíduo a desenvolvê-lo ainda mais.

Ou seja, se eu acredito que uma companhia que extrai cobre está subvalorizada porque acredito que o preço do cobre subirá no futuro, devo saber explicar o meu raciocínio que sustenta a hipótese de que o cobre irá valorizar. Posso argumentar que haverá escassez de cobre num futuro próximo, porém, também preciso ser capaz de sustentar outra hipótese. Caso contrário, existem falhas no raciocínio.

É claro que este foi apenas um exemplo para que ficasse claro como as falhas no embasamento podem acontecer.

Um investidor que desenvolve o hábito de escrever suas teses de investimento é menos suscetível a cair em "armadilhas". Isso porque, ao colocar em evidência os "porquês" de cada parte de sua tese, o investidor atribui mais clareza a ela. Clareza é fundamental. Se o indivíduo não é capaz de escrever sua tese com clareza, ele provavelmente também não pensa com clareza – e isso é um grande obstáculo.

Não é à toa que alguns dos melhores investidores de todos os tempos têm em comum uma característica: são excelentes comunicadores. Warren Buffett, Charlie Munger, Benjamin Graham, Seth Klarman, John Bogle, Joel Greenblatt, Peter Lynch e Howard Marks são apenas alguns exemplos de grandes investidores que são escritores fantásticos.

Não se trata de uma mera coincidência. A capacidade de escrita desses investidores permite que eles transmitam seus pensamentos e teses de investimento com eficácia.

Além disso, podemos evidenciar um terceiro motivo: escrever faz com que o investidor seja mais disciplinado com relação aos seus pensamentos que foram colocados no papel. Como assim? Uma das coisas que mais sabemos a respeito dos investimentos é que, em geral, investidores individuais performam abaixo do mercado porque tomam decisões baseadas em suas emoções. Ao escrever sua tese, o investidor a materializa e tende a revisitá-la antes de uma decisão, favorecendo a razão em detrimento da emoção.

Para finalizar, Warren Buffett – que escreve incríveis cartas a investidores há mais de 50 anos – já mencionou a importância de escrever suas teses de investimento:

> *"Se a tese não pode ser colocada no papel, você precisa pensar um pouco mais sobre ela. E se você não pode escrever uma resposta inteligente para as questões, não coloque a tese em prática."*

# POSFÁCIO

**Como traduzir Buffett e Munger para a nossa realidade?**
*Por Jean Tosetto*[**]

Um questionamento comum que muitos investidores fazem, quando se deparam com declarações de Warren Buffett e Charlie Munger, é sobre sua condição de bilionários – *"eles fazem o que fazem, pois podem comprar empresas inteiras, ao invés de entrar nelas como minoritários".*

Este argumento é válido e, até certo ponto, está coberto de razão. Ele só não contempla o fato de que nem sempre Buffett e Munger foram ricos.

Eles começaram pequenos e é justamente isso que os torna pessoas especiais. Eles tiveram que trabalhar duro – em diversas atividades que iam de vender refrigerante até administrar construções – e poupar recursos de modo disciplinado por anos, antes de juntar o primeiro milhão de dólares.

O detalhe mais importante: eles continuam trabalhando duro, como investidores em tempo integral, pois é o que eles gostam de fazer. Nunca se aposentaram, embora tal condição já estivesse disponível há décadas.

---

[**] Jean Tosetto (1976) é arquiteto e urbanista graduado pela Pontifícia Universidade Católica de Campinas, São Paulo. Tem escritório próprio desde 1999. É autor e editor de livros, tendo publicado sua primeira obra, *MP Lafer: a recriação de um ícone*, de forma independente em 2012. Em 2015, foi coautor de *Arquiteto 1.0 – Um manual para o profissional recém-formado*, com o professor Ênio Padilha.

É adepto do *Value Investing*, tendo iniciado suas colaborações com a Suno Research em janeiro de 2017. Desde então, edita as versões eletrônicas dos livros desta casa de *research*, colaborando com a Editora CL-A na posterior versão impressa.

## Trabalhar é condição básica para investir

Creio que muitos de nós têm como objetivo atuar como investidores em tempo integral, mas esta não é uma condição comum para a maioria das pessoas que ingressam na Bolsa. A verdade é que, por muitos anos, a maioria de nós terá que se manter primordialmente com uma carreira convencional. Não podemos nos iludir quanto a isso.

Então, o primeiro ponto que podemos assumir como premissa em nosso cenário de "reles mortais": temos de ser dedicados em nosso trabalho, gostar dele de modo entusiasmado, para que possamos ter um desempenho melhor e que resulte em maior remuneração. Deste modo, teremos melhores condições de poupar recursos. Não existe investimento sem poupança.

A bola de neve no mercado financeiro só começa a girar quando você tem recursos rotineiros para aportar em ótimos ativos, adotando as premissas do *Value Investing* e do *Buy and Hold*: comprar ótimos negócios com preços descontados e segurá-los enquanto forem ótimos negócios – como Buffett e Munger sempre fizeram na condução da Berkshire Hathaway.

## O círculo de competência e de alcance do radar

A Berkshire Hathaway, uma empresa de tecelagem transformada em *holding*, atua basicamente no mercado dos Estados Unidos. O Brasil segue sendo um mercado secundário, ainda em processo de amadurecimento. Aparentemente, estamos fora do círculo de competência dos grandes investidores americanos. Esta é a nossa sorte: a Bolsa de São Paulo ainda é um balcão de oportunidades para investidores brasileiros.

O que Buffett e Munger procuram nas empresas? Vantagens competitivas e perenidade de atividades no longuíssimo prazo. Num mercado ultradesenvolvido como o norte-americano, as empresas que ostentam tais qualidades já estão caras. Porém, no Brasil, elas ainda estão acessíveis.

Pensemos em necessidades vitais para o funcionamento dos imóveis onde moramos e trabalhamos: saneamento básico, energia e telecomunicações. Você consegue imaginar alguma mudança radical de cenário neste sentido? Pois saiba que existem empresas de capital aberto com ótimos fundamentos e que, em função da volatilidade maior do mercado brasileiro, abrem janelas recorrentes para ótimos aportes.

Num segundo espectro de atividades vitais, temos os grandes bancos e as grandes seguradoras. No Brasil, poucas empresas dominam um mercado de mais de 200 milhões de consumidores diretos e indiretos, ao contrário de outros países, onde a concorrência é maior e o *Market Share* é mais fracionado.

## O minoritário atento aos fundamentos

Logicamente, nunca seremos controladores dessas companhias, mas podemos aceitar de bom grado ser minoritários que recebem os dividendos delas, além de poder observar um leque razoável de *Small Caps* promissoras.

Seguindo a linha de descomplicar as análises dos investimentos, como podemos saber que existem oportunidades no mercado?

O ponto de partida está em observar a relação entre Preço e Lucro da Ação, o famoso P/L. Quando esta relação está abaixo de 20, podemos começar a prestar atenção na empresa. Abaixo de 15: *"Opa! Está ficando interessante!"*. Abaixo de 10 pode ser uma oportunidade clara, mas abaixo de 5, preste atenção, pode ser um negócio arriscado.

Obviamente, este fator não pode ser observado isoladamente. O P/L deve estar conciliado com uma boa Rentabilidade sobre o Patrimônio Líquido (RPL) ou *Return On Equity* (ROE). Acima de 10% seria ideal, mas, para começar, 8% já seria um bom indicativo.

De pouco adianta a empresa ter boa rentabilidade se ela não reparte parte dos lucros com seus acionistas, então o *Dividend Yield* também deve ser considerado na análise. Para Décio Bazin, autor do livro *Faça Fortuna com Ações*, um DY mínimo de 6% é o recomendável. Vale lembrar que estamos traduzindo Buffett e Munger para a realidade brasileira.

Um quarto aspecto fundamental para iniciar uma análise de investimento é observar o grau de endividamento da companhia. Uma empresa que deve mais do que o valor do próprio patrimônio líquido deve ser evitada.

Neste ponto você pode perguntar: *"Onde encontro essas informações sobre as empresas brasileiras?"* – Respondo: no Suno Analítica.

https://www.suno.com.br/acoes/

**Atenção aos recursos humanos**

Vale reforçar que Buffett e Munger não se atêm aos números: eles também investigam o fator humano, espelhado na figura dos gestores. Uma excelente companhia deve ser administrada por pessoas excelentes. Honestidade e competência são pré-requisitos.

Os setores de Relações com Investidores (RI) estão aí, disponíveis nos *sites* das empresas de capital aberto, para atender as demandas neste sentido. Quem são os sujeitos que comandam as empresas em análise? Eles têm nome e sobrenome? Eles possuem perfis nas redes sociais? Eles se manifestam com clareza em seus comunicados? Eles ostentam bons registros em buscas pelo Google?

Repare que escarafunchar a vida de grandes executivos era mais difícil antes da Internet. Porém, hoje, essa facilidade não pode ser ignorada; afinal de contas, será que estes executivos conseguem ganhar dinheiro de forma honesta para nós, investidores?

**Diversificação, FIIs & reinvestimento**

Após reunir um conjunto diversificado de empresas sólidas em sua carteira, o investidor sentirá o aumento de sua renda passiva, na forma dos proventos entregues pelas companhias. É neste momento que ele precisa fazer sua bola de neve girar – o que é muito diferente de girar a própria carteira.

A Berkshire Hathaway não tem como premissa distribuir dividendos para seus acionistas, mas esta *holding* reinveste tudo que recebe das empresas em que mantém participações. Compreenda a Berkshire como a extensão do *alter ego* de Buffett e de Munger, e considere que sua carteira de investimentos é como a sua *holding* pessoal. Então, não saque os dividendos para você, mas reinvista em conjunto com o capital poupado, oriundo de seu trabalho, por tempo indeterminado.

Para acelerar este fluxo de caixa que ativa a força dos juros compostos, o investidor brasileiro ainda tem a opção de aportar recursos em fundos de investimentos imobiliários. Eles são válidos para aumentar a diversificação da carteira e gerar proventos com regularidade, além de diminuir a volatilidade dos portfólios. Muitos FIIs atuam em negócios perenes e rentáveis, bem ao gosto de Buffett e Munger.

**Reservas de oportunidades**

A bem da verdade, devemos registrar que a Berkshire Hathaway não reinveste os proventos que recebe apenas em renda variável. Uma parte considerável de seu capital está alocada em ativos de renda fixa. Isto vale para nós, reles mortais.

Em 2019, a Berkshire chegou a ter valor de mercado próximo de

537 bilhões de dólares, dos quais cerca de 128 bilhões estavam disponíveis para compras de oportunidades. Ou seja, aproximadamente 24% do capital da *holding* estava alocado em ativos de renda fixa, como os títulos públicos do Tesouro Americano.

Em 2020, após a queda das Bolsas em função da pandemia do Coronavírus, a Berkshire viu seu valor de mercado cair para 458 bilhões de dólares. Então, seu capital alocado em renda fixa, disponível para compras de barganhas, subiu para cerca de 28%.

Ou seja, podemos admitir que ter entre 25 e 30% do nosso capital alocado em renda fixa, para eventual compra de empresas com descontos em função de crises que sempre ocorrem, parece ser um bom intervalo para composição da chamada reserva de oportunidades. No nosso caso, temos o Tesouro Selic logo ali, na esquina, além de outras boas opções para estocar o capital com boa proteção e liquidez.

**Reserva de emergências**

Ocorre que a Berkshire tem um lastro do qual ela não abre mão: a sua reserva de emergência, até hoje não usada, gira em torno de 20 bilhões de dólares. Este montante é equivalente ao patrimônio líquido do Banco do Brasil, avaliado em quase 99 milhões de reais em abril de 2020.

É evidente que necessitamos de uma reserva de emergência, proporcional ao nosso patrimônio líquido e às nossas necessidades. Isso varia de investidor para investidor. Porém, uma boa medida para compor este colchão de segurança é estimar o dinheiro necessário para tirar um ano sabático – por opção ou imposição.

De quanto um investidor precisa para se manter, sem trabalho ou rendimentos passivos, durante doze meses? O núcleo familiar deve ser compreendido nesta conta. Eis um fator difícil de abordar e de colocar em prática. Temos a tentação de levar mais dinheiro do que podemos para a Bolsa, quando as coisas parecem caminhar bem.

**Emoções perto dos livros e longe do *Home Broker***

Por fim, vamos atentar para a amizade entre Buffett e Munger, que já atravessou mais de meio século de debates e trocas de pontos de vista. Não temos acesso ao cotidiano deles, mas podemos compor uma rede de contatos com outros investidores ao longo de nossa jornada, que nos apresentem ideias contrárias e nos façam enxergar aspectos antes ignorados.

Buffett e Munger são leitores vorazes. Nisso, podemos ser iguais a eles e reforçar laços de amizade com quem compartilha deste hábito – que também gera juros compostos, mas sobre o conhecimento acumulado. Quanto mais conhecimento, mais autocontrole, menos decisões precipitadas, menos influência nociva dos falsos consensos.

Por mais frio e distante das emoções que um investidor precise ser, ele não pode ignorar o calor das amizades que nascem em função dos nobres objetivos em comum – entre os quais prover conforto e segurança para aqueles que dependem de nós.

# GLOSSÁRIO

**Os principais termos e siglas adotados no vocabulário do mercado financeiro no Brasil**

**Ação ordinária (ON):** ação que permite ao acionista participar das assembleias das empresas com capital aberto e votar nos temas propostos.

**Ação preferencial (PN):** ação sem direito a voto por parte do acionista, que, no entanto, tem a garantia de receber os dividendos estatutários ou outro benefício de acordo com a Lei das S/A ou com o estatuto da companhia.

**Análise fundamentalista:** forma de investir no mercado de ações que prioriza o retorno de longo prazo, proveniente dos lucros da atividade empresarial.

**Análise gráfica:** método para analisar o comportamento das ações no mercado tentando antecipar tendências por meio de movimentos identificados em gráficos que expressam a evolução das cotações.

**Análise técnica:** vide "Análise gráfica".

**Ativos:** todos os bens pertencentes a uma empresa, incluindo aplicações financeiras, imóveis, máquinas e equipamentos, veículos, participações em outras empresas e reservas de valor.

**Balanço patrimonial:** documento contábil que aponta tanto os bens como as dívidas de uma empresa, compreendidos como seus ativos e passivos.

**BDR:** sigla em inglês para *Brazilian Depositary Receipts*. São classes de valores mobiliários negociados no mercado brasileiro com lastros oriundos de ações estrangeiras. Investir em BDRs é uma forma de diversificar investimentos sem abrir contas em corretoras de outros países.

*Blue-chips:* expressão oriunda dos cassinos, onde as fichas azuis possuem maior valor. Nas Bolsas equivalem às ações com maior volume de transações.

**Bonificação:** evento puramente contábil, no qual as empresas distribuem novas ações sem custo para os acionistas, conforme as quantidades de ações que eles já possuem. A cotação é ajustada na proporção inversa.

**Capital:** recurso financeiro expresso em moeda corrente. Empresas de capital aberto permitem que o público compre ações por meio do mercado de capitais. O capital de giro equivale ao dinheiro que a empresa coloca em movimento.

***Circuit Breaker:*** mecanismo automatizado que interrompe os negócios nas Bolsas de Valores sempre que os índices de referência sobem ou descem abruptamente em níveis elevados (por exemplo, 10%).

**Cotação:** preço da ação determinado pelas forças do mercado.

***Crash:*** situação de desvalorização geral e acentuada das ações, responsável pela quebra de vários agentes especuladores ou investidores.

***Day Trade:*** operação especulativa de compra e venda de ativo listado na Bolsa, realizada na mesma data.

**Debênture:** título emitido por empresas para captar recursos no mercado de capitais, com prazos e créditos determinados, sem que seus detentores se configurem como sócios delas.

**Desdobramento:** vide "Bonificação".

**Dívida Bruta/Patrimônio Líquido:** indicador fundamentalista que expressa o grau de alavancagem (endividamento) de uma empresa.

**Dividendo:** parte dos lucros auferidos pelas empresas que será repartida com seus acionistas proporcionalmente à quantidade de ações que possuem.

***Dividend Yield:*** indicador fundamentalista que representa em porcentagem a remuneração da ação dividida pela sua cotação, no prazo de 365 dias anteriores à cotação da ação. Por exemplo: no último ano a empresa distribuiu, entre dividendos e JCP, R$ 0,10 por ação. Se a ação está cotada em R$ 1,00, o *Dividend Yield* equivale a 10%.

**DRE:** sigla para Demonstração do Resultado do Exercício, documento que informa, em relação a determinado período, se uma companhia obteve lucro ou prejuízo.

**EBITDA:** sigla em inglês para *Earnings Before Interests, Taxes, Depreciation and Amortizations*, que, na sua tradução literal, significa Lucro Antes dos Juros, Impostos, Depreciação e Amortização. Tal indicador fundamentalista também pode ser chamado de LAJIDA.

**ETF:** sigla para *Exchange Traded Funds*, que em português soaria como FNB ou Fundos Negociados em Bolsa. Tais fundos relacionados aos índices, como o Ibovespa, são negociados como ações.

**FIIs:** sigla para Fundos de Investimento Imobiliário.

**Fluxo de caixa:** valor financeiro líquido de capital e seus equivalentes monetários que são transacionados – entrada e saída – por um negócio em um determinado período de tempo.

**Futuro:** tipo de negociação com prazos e condições pré-determinados, visando à garantia de preços mínimos e protegidos da volatilidade do mercado.

*Hedge:* operação financeira que busca a mitigação de riscos relacionados com as variações excessivas de preços dos ativos disponíveis no mercado.

**JCP (JSCP):** sigla para Juros Sobre Capital Próprio – uma forma alternativa aos dividendos para as empresas remunerarem seus acionistas, com retenção de impostos na fonte, reduzindo a carga tributária das empresas de forma legal.

*Joint-venture:* aliança entre empresas com vistas a empreendimentos ou projetos específicos de grande porte.

**Liquidez corrente:** indicador fundamentalista que expressa a relação entre o ativo circulante e o passivo circulante, demonstrando a capacidade da empresa em honrar compromissos no curto prazo.

**Lote:** no mercado financeiro brasileiro, o lote equivale a 100 ações como quantidade mínima ideal para compra e venda na Bolsa. Quando um lote é quebrado, as ações são negociadas no mercado fracionário, caso em que algumas corretoras de valores cobram taxas diferenciadas.

**LPA:** indicador fundamentalista que expressa o Lucro Por Ação.

**Margem bruta:** indicador fundamentalista que expressa o lucro bruto dividido pela receita líquida.

**Margem líquida:** indicador fundamentalista que expressa a relação entre o lucro líquido e a receita líquida.

**Minoritários:** investidores que adquirem ações em quantidades relativamente baixas, que impedem a sua participação na gestão das empresas.

**Opção (OPC ou OTC):** tipo de negociação que garante direito futuro de opção de compra ou de venda com preço pré-determinado.

**Ordem:** determinação de compra ou venda de ativo no mercado de capitais, que o aplicador comunica à sua corretora de valores para execução.

**Papel:** equivalente a ação (termo que fazia mais sentido quando as ações eram impressas e entregues ao portador).

**Passivos:** componentes contábeis das empresas, que representam seus compromissos, obrigações, dívidas e despesas circulantes e não circulantes, como salários de funcionários, empréstimos, tributos, dívidas com fornecedores.

**P/Ativos:** indicador fundamentalista que expressa a relação entre o Preço da ação e os Ativos totais por ação.

**Patrimônio líquido:** valor financeiro resultante da diferença entre os ativos e os passivos de uma empresa.

**P/Capital de Giro:** indicador fundamentalista que expressa a relação entre o Preço da ação e o Capital de Giro por ação, que por sua vez significa a diferença entre o ativo circulante e o passivo circulante da empresa.

**PL (P/L):** indicador fundamentalista para a relação entre Preço e Lucro, representando a cotação da ação no mercado dividida pelo seu lucro por ação.

**Posição:** situação do acionista em determinada empresa, fundo imobiliário ou ativo correlato. Quando um investidor zera a sua posição numa empresa ou num fundo imobiliário, por exemplo, significa que ele vendeu todas as suas ações ou cotas.

**Pregão:** período de negociações na Bolsa de Valores com negócios realizados eletronicamente. Antigamente, os pregões eram presenciais.

**PSR:** indicador fundamentalista cuja sigla em inglês indica *Price Sales Ratio* e equivale ao preço da ação dividido pela receita líquida por ação.

**P/VP:** indicador fundamentalista que expressa a relação entre o Preço da ação e o Valor Patrimonial da ação.

**Realizar lucros:** vender ações para converter as valorizações em capital disponível para outros fins.

**Resistência:** valor historicamente mais alto atingido pela cotação de determinada ação.

**ROE:** sigla em inglês para *Return On Equity*. Também é conhecido no Brasil como RPL, ou seja, Retorno sobre o Patrimônio Líquido. Essa métrica indica o quanto uma empresa é rentável, mostrando o lucro líquido dividido pelo seu patrimônio líquido.

**ROIC:** sigla em inglês para *Return On Invested Capital*, que em português significa Retorno Sobre o Capital Investido, ou seja, o capital próprio da empresa somado ao capital de terceiros.

**SA (S/A):** sigla para Sociedade Anônima, comum nas razões sociais das empresas de capital aberto.

***Small Caps:*** empresas de porte menor se comparadas com as *Blue Chips*, com baixo volume diário de negociações e pouca liquidez no mercado.

***Stop Loss:*** ordem de venda automatizada de uma ação, pré-determinada pelo aplicador junto à corretora de valores, para evitar perdas com quedas excessivas das cotações.

**Stop Gain:** ordem de venda automatizada de uma ação, pré-determinada pelo aplicador junto à corretora de valores, para realizar lucros.

**Subscrição:** situação que ocorre quando as empresas oferecem novas ações preferencialmente para seus acionistas. O mesmo se aplica aos fundos imobiliários em relação aos seus cotistas.

**Swing Trade:** operação especulativa de compra e venda de ativo listado na Bolsa, realizada em prazos curtos, que variam de três dias até algumas semanas.

**Tag Along:** mecanismo de proteção concedido aos acionistas minoritários por um empreendimento que possui suas ações negociadas na Bolsa de Valores, caso ocorra um processo de venda do controle para terceiros, por parte dos acionistas majoritários.

**Termo:** tipo de negócio realizado com pagamento a prazo.

**Ticker:** código pelo qual os ativos são negociados em Bolsas de Valores. Por exemplo, TIET3 é o código da ação ordinária da Geradora Tietê. TIET4 é o código da ação preferencial da mesma empresa e TIET11 é o código das suas *Units*. Já o BDR do Google usa o código GOOG35.

**Underwrite:** ato do investidor de subscrever ações ofertadas pelas empresas.

**Units:** ativos compostos por mais de uma classe de valores mobiliários, como, por exemplo, um conjunto de ações ordinárias e preferenciais.

**Valuation:** conjunto de ponderações técnicas e subjetivas para avaliar uma empresa ou fundo imobiliário, visando encontrar o valor justo de suas ações ou cotas, bem como seu potencial de retorno para investidores.

**VPA:** indicador fundamentalista que expressa o Valor Patrimonial por Ação, ou seja: o valor do patrimônio líquido dividido pelo número total de ações.

Envie seus comentários construtivos:

contato@sunoresearch.com.br

**Outros títulos disponíveis em versão impressa:**
- Guia Suno Dividendos
- Guia Suno de Contabilidade para Investidores
- Guia Suno Fundos Imobiliários
- 101 Perguntas e Respostas para Investidores Iniciantes
- Guia Suno *Small Caps*
- Guia Suno Fundos de Investimentos
- Cultivando Rendimentos

Projeto editorial: Suno Research
Coordenação: Leonardo Dirickson
Editor: Fabio Humberg
Editor associado: Jean Tosetto

Colaboradores: Henrique Imperial & Victor Montezuma
Capa: Alejandro Uribe, sobre ideia original de Bruno Perrone & Lucas Oliveira
Diagramação: Alejandro Uribe
Revisão: Humberto Grenes / Cristina Bragato / Rodrigo Humberg

**Dados Internacionais de Catalogação na Publicação (CIP)**
**(Câmara Brasileira do Livro, SP, Brasil)**

Reis, Tiago
    Lições de Valor com Warren Buffett & Charlie Munger : ensinamentos para quem investe em bolsa com foco no longo prazo / Tiago Reis. -- 1. ed. -- São Paulo : Editora CL-A Cultural, 2021.

    ISBN 978-65-87953-23-6

    1. Bolsa de valores 2. Economia 3. Finanças pessoais 4. Investimentos I. Título.

21-70416                CDD-332.63228

**Índices para catálogo sistemático:**

1. Bolsa de Valores : Ações : Investimentos : Economia financeira 332.63228

(Aline Graziele Benitez - Bibliotecária - CRB-1/3129)

Editora CL-A Cultural Ltda.
Tel.: (11) 3766-9015 | Whatsapp: (11) 96922-1083
editoracla@editoracla.com.br | www.editoracla.com.br
linkedin.com/company/editora-cl-a/